Wolfgang Stelljes

Oldenburger Münsterland

MIKROABENTEUER

ZUM ENTDECKEN UND GENIESSEN

360° medien

IMPRESSUM

Oldenburger Münsterland
50 MIKROABENTEUER ZUM ENTDECKEN UND GENIESSEN
Wolfgang Stelljes

© 2024 360° medien
Nachtigallenweg 1 I 40822 Mettmann
360grad-medien.de

Das Werk ist in allen seinen Teilen urheberrechtlich geschützt. Jede Verwertung außerhalb der engen Grenzen des Urheberrechtsgesetzes ist ohne Zustimmung des Verlags unzulässig. Dies gilt insbesondere für Vervielfältigungen, Übersetzungen, Mikroverfilmungen und die Einspeicherung sowie Verarbeitung in elektronischen Systemen.

Der Inhalt des Werkes wurde sorgfältig recherchiert, ist jedoch teilweise der Subjektivität unterworfen und bleibt ohne Gewähr für Richtigkeit, Vollständigkeit und Aktualität.

Redaktion und Lektorat: 360° medien

Satz und Layout: Marc Alberti

Gedruckt und gebunden:
LD Medienhaus I Hansaring 118 I 48268 Greven I www.ld-medienhaus.de

Bildnachweis: siehe Seite 256

ISBN: 978-3-96855-555-3
Hergestellt in Deutschland

360grad-medien.de

Wolfgang Stelljes

Oldenburger Münsterland

50 MIKROABENTEUER
ZUM ENTDECKEN UND GENIESSEN

360° medien

Vorwort

Bis Mai 2014 war das Oldenburger Münsterland für mich ziemlich weit weg. Ich habe es eher aus der Ferne wahrgenommen, auch wenn das Ammerland, in dem ich lebe, eigentlich um die Ecke liegt. Immerhin, das Museumsdorf Cloppenburg und die Thülsfelder Talsperre kannte ich, davon abgesehen gab es aber viele weiße Flecken. Dann kam ein Anruf. Am anderen Ende der Leitung: der Verbund Oldenburger Münsterland. Ob ich mir vorstellen könne, neuere touristische Angebote der Region journalistisch aufzubereiten, sprich: den Leserinnen und Lesern von Zeitungen und Magazinen näherzubringen. Kein ungewöhnliches Ansinnen, schließlich bin ich seit vielen Jahren als Reisejournalist aktiv.

Es begann eine vorsichtige Annäherung, begleitet durchaus auch von Skepsis. Mein Bild von der Region war medial geprägt. Es wandelte sich im Zuge der Recherchen, wurde differenzierter. Die Themen fielen mir quasi entgegen. Erste Texte für Regionalzeitungen entstanden. Dann eine größere Recherche, sie führte mich ins Saterland. Das Ergebnis war ein ganzseitiger Artikel in „Die Welt". Wobei den Redakteuren im fernen Berlin die feinen Unterschiede zwischen Münsterland und Oldenburger Münsterland offenbar nicht geläufig waren, wie eine verunglückte Überschrift zeigte. Mit anderen Worten: Um die Bekanntheit der Region war es überregional nicht unbedingt zum Besten bestellt.

Inzwischen bin ich seit fast zehn Jahren immer wieder im Oldenburger Münsterland unterwegs und habe es entdecken dürfen –

zu Fuß, mit Rad, Kanu und aus der Luft, bei einer Fahrt mit einem Heißluftballon. Entstanden sind zahlreiche journalistische Beiträge, man konnte sie in unterschiedlichsten Medien lesen oder hören, von Antenne Niedersachsen bis zur Westdeutschen Allgemeinen Zeitung. Fast zwangsläufig kam irgendwann der Gedanke, ob daraus nicht auch ein Buch werden könnte. Ein Gedanke, den Johannes Knuck, der beim Verbund Oldenburger Münsterland für den Tourismus verantwortlich ist, gerne aufgegriffen hat. Er hat das Vorhaben von Beginn an tatkräftig unterstützt. Dafür herzlichen Dank!

Am Ende sind es 50 Mikroabenteuer geworden. Zu bekannten Zielen gesellen sich andere, weniger bekannte. Einige Ziele wurden aufgenommen, weil dort eine kulinarische Überraschung wartet, andere, weil es sich lohnt, die Geschichte dahinter zu kennen. Die Auswahl ist subjektiv, wie sollte es auch anders sein. Zusammen ergeben diese 50 Mikroabenteuer so etwas wie das Porträt einer häufig unterschätzten Region mit großer landschaftlicher Vielfalt, einer ganz eigenen Geschichte und einem großen wirtschaftlichen Potenzial. Und mit vielen netten Menschen, die Sie beim Lesen und vielleicht ja später auch bei einem Besuch kennenlernen werden. Dabei wünsche ich viel Vergnügen!

Wolfgang Stelljes

Goldenstedter Moor

Inhaltsverzeichnis

Hinweis: Aus Gründen der besseren Lesbarkeit wird auf eine geschlechtsneutrale Differenzierung verzichtet. Entsprechende Begriffe gelten im Sinne der Gleichbehandlung grundsätzlich für alle Geschlechter. Die verkürzte Sprachform beinhaltet keine Wertung.

Molberger Dose

Willkommen im Oldenburger Münsterland

Wer in Barßel, Löningen oder Damme lebt, kennt das Oldenburger Münsterland. Ortsunkundigen fällt dagegen oft schon die geografische Zuordnung schwer. Oldenburg kennt man, Münster auch, aber das Oldenburger Münsterland? Es ist das „Dazwischenland", eine Region im Herzen von Nordwestdeutschland, keine Auto-

Am Fuße des Mordkuhlenbergs

stunde von den Großstädten Bremen, Oldenburg und Osnabrück entfernt. Eine Region bestehend aus 23 Städten und Gemeinden, zehn im Landkreis Vechta und 13 im Landkreis Cloppenburg. Über 300.000 Menschen leben hier, Tendenz steigend.

Ein Blick in die Geschichte: Der Begriff „Oldenburger Münsterland" taucht erstmals 1824 in einer statistischen Beschreibung des Herzogtums Oldenburg auf. Bis 1803 gehörten die Ämter Cloppenburg und Vechta noch zum Niederstift Münster, dann wurden sie durch den Reichsdeputationshauptschluss dem Herzogtum Oldenburg zugewiesen, dessen Größe sich dadurch nahezu verdoppelte. Fortan verlief eine unsichtbare, aber doch in vielerlei Hinsicht spürbare Grenze zwischen dem protestantischen Norden und dem katholischen Süden des Herzogtums. Peter Friedrich Ludwig, der Landesherr in Oldenburg, war über den Zugewinn nicht sonderlich glücklich, wie sollte er auch ahnen, dass aus dem damaligen Armenhaus im Süden ein paar Jahrzehnte später prosperierende Gebiete werden sollten, vor allem durch den Ausbau der Viehwirtschaft – der Bedarf an Fleisch im sich entwickelnden Ruhrgebiet war groß. Damals wurden Weichen gestellt, sogar im wahrsten Sinne des Wortes, auch wenn die Anbindung der Region an das Schienennetz der Bahn vergleichsweise spät erfolgte.

Wirtschaftsfachleute verweisen darauf, dass aus einer Schwäche oft auch Stärke erwächst. Im Oldenburger Münsterland, wo karge Sandböden wenig hergaben, waren die Menschen zu Kreativität und Mobilität geradezu genötigt. Und so waren im 19. Jahrhundert vor allem die Heuerleute gezwungen, sich berufliche Alternativen außerhalb der Landwirtschaft zu suchen. Manche fanden ein Zubrot als Leinenweber, andere als Torfstecher oder Grasmäher in Holland. Und alle hörten sie irgendwann vom „Land der unbegrenzten Möglichkeiten".

Seelter Foonkieker

Allein aus dem alten Amt Damme wanderte in den Jahren zwischen 1828 und 1895 über ein Drittel der Bevölkerung nach Übersee aus.

Oft ist mit Blick auf das Oldenburger Münsterland auch von einer ganz besonderen Mentalität die Rede, von „Einfallsreichtum", „Innovationsfreude" und „Tatkraft". Die Region liegt zwar abseits der großen Ballungsräume, was durchaus auch Vorteile hat, verfügt aber über ein außergewöhnliches wirtschaftliches Potenzial. Da sind die bundesweit größten Anbauflächen in Sachen Erdbeeren und Spargel. Da ist eine intensive Landwirtschaft und Tierhaltung, die einerseits den Grundstein für den Wohlstand legte, andererseits aber auch in besonderer Weise das Image der Region prägt und sich starker Kritik ausgesetzt sieht. Und da sind zahlreiche mittelständische und auch größere Betriebe, darunter Weltmarktführer, beispielsweise in der Kunststoffindustrie.

St. Vitus in Löningen

In den Landkreisen Cloppenburg und Vechta „ist die dörfliche Welt demografisch und wirtschaftlich noch in Ordnung", heißt es in einem Bericht zur demografischen Lage der Nation, herausgegeben im April 2019 vom Berlin-Institut für Bevölkerung und Entwicklung. Zwei zentrale Erfolgsfaktoren haben die Forscher ausgemacht: den hohen gesellschaftlichen Zusammenhalt – mehr als 80 Prozent der Menschen sind in Vereinen, Verbänden und Kirchen aktiv – und das enge Netz mittelständischer Firmen, die „immer neue Arbeitsplätze" schaffen. „Und weil die Menschen dort vergleichsweise viele Kinder haben, ist die Bevölkerung noch immer jung." Das Durchschnittsalter liegt bei gut 41 Jahren, keine andere ländliche Region in Deutschland ist jünger.

Visbeker Bräutigam

Dass das Oldenburger Münsterland in Statistiken zur demografischen Entwicklung, zum Bruttoinlandsprodukt oder zu den sozialversicherungspflichtigen Jobs auf den vorderen Plätzen landet, ist nicht unbedingt eine neue Erkenntnis. Neu hingegen ist, dass auch der Tourismus ausgesprochen positive Zahlen schreibt. Natürlich ist das Oldenburger Münsterland keine Tourismus-

Destination im klassischen Sinne, und doch weist die Zahl der Gäste und die der Übernachtungen seit Jahren in eine Richtung: nach oben. Was vielleicht noch wichtiger ist: 2022 erreichte die Region in einer Studie zur Gästezufriedenheit 89,4 von 100 möglichen Punkten und damit sowohl im Bund als auch im Land einen Spitzenplatz. Ob ein Urlauber wiederkommt oder nicht, ob er vielleicht sogar unter Freunden oder in der Familie ein freundliches Wort über die Region verliert, hängt entscheidend von dieser Zufriedenheit ab.

Touristisch gesehen gliedert sich das Oldenburger Münsterland (und damit auch dieses Buch) in fünf Erholungsgebiete: Barßel & Saterland, Dammer Berge, Hasetal, Thülsfelder Talsperre und die Ausflugsregion Nordkreis Vechta. Es ist eine Naturlandschaft, die vielfältiger kaum sein könnte: Moor, Heide, Geest, Wald, Flussniederungen und Höhenzüge – alles vorhanden. Es ist Sitz

Heidesee Holdorf

zahlreicher Einrichtungen, die das kulturelle Erbe pflegen. Und es ist die Heimat von Menschen wie Rolf Dieter Brinkmann und Andreas Romberg. Romberg wurde zu Lebzeiten als Komponist und Dirigent in einem Atemzug mit Haydn, Beethoven und Mozart genannt, geriet dann aber in Vergessenheit. An ihn soll wenigstens an dieser Stelle kurz erinnert werden. Auf den Spuren von Brinkmann, wie Romberg ein Sohn der Stadt Vechta, wandeln wir in Tipp 33.

Top 10

DER SEHENSWÜRDIGKEITEN IM OLDENBURGER MÜNSTERLAND

1 **Elisabethfehnkanal:** Er verbindet die Sagter Ems mit dem Küstenkanal, ist der „letzte noch voll schiffbare Fehnkanal Deutschlands" und knapp 15 Kilometer lang. Und er ist fast schnurgerade, kein Wunder, denn zu Zeiten der Moorkolonisation im 19. Jahrhundert hat man häufiger noch das Lineal zur Hand genommen. Wichtig war der Elisabethfehnkanal

vor allem für die Torfschifffahrt. Über den neuen Wasserweg lieferten die Siedler den begehrten Brennstoff in die Städte. Das Moor- und Fehnmuseum Elisabethfehn dokumentiert anschaulich das Leben der Siedler. Heute ist der Kanal die Lebensader des Ortes und eine beliebte Abkürzung für Freizeitskipper, zumal niederländische, die zur Hunte oder Weser wollen.

2 **Thülsfelder Talsperre:** Das älteste Naturschutzgebiet im Oldenburger Land, seit 1938 schon, ist zu jeder Jahreszeit einen Besuch wert. Im Frühjahr, weil das erste zarte Grün den Winter vergessen lässt und Maiglöckchen und Gagelstrauch für Farbtupfer in der Landschaft sorgen. Im Spätsommer, weil die Besenheide blüht. Im Herbst, weil dann Zugvögel, darunter viele Graugänse, den hier brütenden Arten vorübergehend Gesellschaft leisten. Und im Winter, weil sich eine herrliche Ruhe über das Land legt. Übrigens: Seit 2000 ist das Naturschutzgebiet Thülsfelder Talsperre

in weiten Teilen Flora-Fauna-Habitat-Gebiet, also ein Schutzgebiet europäischer Ordnung. Die Talsperre, erbaut von 1924 bis 1927, dient wie in ihren ersten Tagen dem Hochwasserschutz.

3 **Tier- und Freizeitpark Thüle:** Geht man nur nach den Besucherzahlen, dann ist der Tier- und Freizeitpark Thüle nicht nur unter den Top Ten im Oldenburger Münsterland, sondern auf dem Treppchen, vermutlich sogar ganz oben. Um die 300.000 Besucher im Jahr, da kommt nur noch das Museumsdorf Cloppenburg heran. Wobei sich die Altersstruktur deutlich unterscheiden dürfte. In Thüle sind es vor allem Kinder und Jugendliche, deren Interesse sich insbesondere auf die Fahrgeschäfte im Freizeitpark und auf die Spiel- und Klettergeräte im „Njordland" richtet. Sehr viel ruhiger geht es im Tierpark zu, obwohl es hier Arten gibt, die in Deutschland sonst nicht oder nur an ganz wenigen anderen Orten zu sehen sind.

4 **Museumsdorf Cloppenburg:** Fragt man Menschen außerhalb des Oldenburger Münsterlandes, was sie mit der Region verbinden, dann wird fast immer das Museumsdorf Cloppenburg genannt. Nicht zu Unrecht sieht es sich als „kultureller Leuchtturm der Region". Es ist das größte Freilichtmuseum in Niedersachsen und eines der ältesten in Deutschland, verharrt aber nicht im Vergangenen. Die rund 60 Gebäude – von der Dorf-

schule bis zur Disko – sind das eine, besondere Veranstaltungen wie die „Dorfpartie", die „historische Dorfkirmes" und der „Dorf-Sonntag" mit seinen museumspädagogischen Angeboten das andere. Nicht zu vergessen die Ausstellungen. Kurzum: Es gibt keinen besseren Ort, um die Kulturgeschichte der Region kennenzulernen!

5 **Hasetal:** Die Hase ist der größte Nebenfluss der Ems. Auf ihrem knapp 170 Kilometer langen Weg von der Quelle im Teutoburger Wald bis zur Mündung in Meppen macht sie eine Schleife durch das Oldenburger Münsterland. Wie auf ihrer gesamten Strecke hat sich die Hase auch hier, von den örtlichen Touristikern forciert, zu einem beliebten Radwandergebiet entwickelt. Die

sogenannte „Mundräuberroute", bei der man straffrei am Wegesrand Äpfel, Birnen und Kirschen für den sofortigen Verzehr ernten darf, wurde 2014 sogar mit dem „Deutschen Tourismuspreis" geadelt. Alternativ lässt sich das Hasetal bei Löningen auch mit dem Kanu entdecken.

6 **Burg Dinklage:** Ein geschichtsträchtiger Ort, immerhin liegen hier die Anfänge der Stadt Dinklage. Auch wurde Clemens August Kardinal von Galen auf der Burg geboren, der „Löwe von Münster", der in der NS-Zeit öffentlich die Euthanasiemorde anprangerte und 2005 durch den Papst seliggesprochen wurde. Eine Ausstellung im „Backhaus", einem ehemaligen Wirtschaftsgebäude, beleuchtet wichtige Stationen seines Lebens. Heute leben in der alten Wasserburg rund 20 Frauen, die sich „auf das Abenteuer Klosterleben eingelassen haben" – die Benediktinerinnen der Abtei Sankt Scholastika. Wer an einem Gottesdienst teilnehmen möchte, ist willkommen. Es gibt auch ein Gästehaus.

7 **Goldenstedter Moor:** Früher prägten große Moore das Landschaftsbild im Nordwesten. Geblieben sind nur einige wenige, darunter die Esterweger Dose, die Molberger Dose und das Goldenstedter Moor. Letzteres gehört zur Diepholzer Moorniederung und damit zu einem der größten Kranich-Rastplätze in Deutschland. Die „Vögel des Glücks", wie Kraniche auch genannt werden, machen hier Station auf ihrem Weg in die Winterquartiere. Zehntausende sind es in jedem Herbst – ein beeindruckendes Naturschauspiel. Das Naturschutz- und Informationszentrum (NIZ) in Goldenstedt bietet „Kranichbegegnungen" an und ist auch sonst eine gute Adresse für alle, die mehr über den Lebensraum Moor erfahren möchten.

8 Dammer Dom: Die Pfarrkirche St. Viktor, die ob ihrer beeindruckenden Größe im Volksmund nur Dom genannt wird, überragt die Stadt und ist schon von Weitem sichtbar. Ein Pilger, der auf dem Jakobsweg unterwegs ist, wird sie

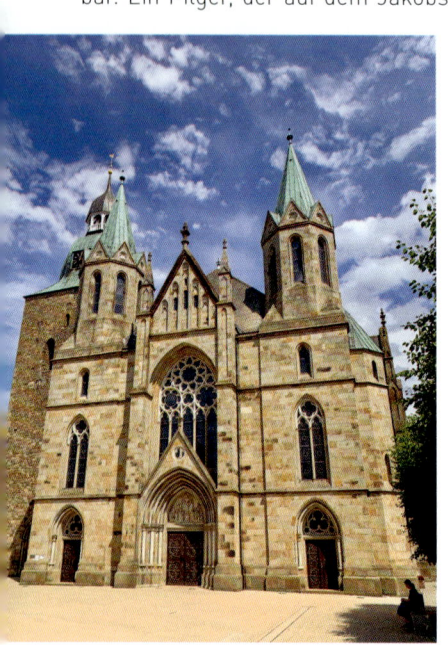

also kaum verfehlen. Steht man auf dem Kirchplatz und lässt den Blick die Ostfassade mit ihren drei massiven Türmen hochwandern, dann erkennt das geschulte Auge unterschiedliche Baustile. Und doch wirkt das Ganze sehr harmonisch. Annähernd 1000 Gläubige können in dem imposanten Kirchenbau Platz nehmen. Ein Besuch ist aber auch all jenen empfohlen, die mit Kirche wenig am Hut haben, und sei es nur, um in Ruhe die Buntglasfenster zu studieren oder dem Klang der Orgel zu lauschen.

9 Dümmer: Mit rund 13 Quadratkilometern der zweitgrößte Binnensee Niedersachsens und das Herzstück des gleichnamigen Naturparks. Und ein Eldorado vor allem für Segler, die hier auch schon ihre Deutschen Meisterschaften ausgetragen haben. Das Wasser ist im Schnitt gerade mal gut einen Meter tief, auch populäre Sportarten wie das Stand-up-Paddling sind also risikolos möglich. Wobei es auch für sportlich weniger ambitionierte Menschen viele gute Gründe gibt, den Dümmer aufzu-

suchen, zum Beispiel für einen Spaziergang auf dem Deich, für Naturbeobachtungen – auch Fischadler wurden schon gesichtet – oder schlicht für ein Matjesbrötchen.

10 **Boxenstopproute:** Der gut 300 Kilometer lange Rundkurs verbindet die Erholungsgebiete im Oldenburger Münsterland miteinander. Man radelt von Station zu Station, kurz „Boxenstopps" genannt, weil es vor allem ums Auftanken geht, zum Beispiel im Schatten einer alten Mühle, in einem Museum oder einem Hofcafé. Dazwischen Landschaften, die unterschiedlicher kaum sein könnten, von der historischen Fehnkultur im Norden bis hin zu den Dammer Bergen im Süden. Speziell das „Naturerlebnis" wurde in einer Fachpublikation über Radfernwege in Deutschland mit „sehr gut" bewertet. Und dank des flächendeckenden Knotenpunktsystems kann man auch jederzeit kreuz und quer nach Zahlen radeln.

Kurioses und Besonderheiten

AUS DEM OLDENBURGER MÜNSTERLAND

✓ **Eine Grünkohltour** ist für die Menschen im Oldenburger Münsterland so etwas wie der perfekte Dreiklang aus Bewegung an der frischen Luft, gemeinsamem Spaß und gutem Essen. Mit Bollerwagen ziehen sie in Gruppen durch die winterliche Landschaft, werfen zwischendurch vielleicht noch eine Boßelkugel eine einsame Straße entlang und steuern dann einen der Gasthöfe an, die inzwischen zahlreiche Pauschalangebote für diese spezielle Form des Wintervergnügens bereithalten, mal mit Tanz, mal ohne. Aber immer mit einer deftigen Mahlzeit, das leckere Kult-Gemüse wächst schließlich vor der Tür – das Oldenburger Münsterland ist das Stammland des Grünkohls, was den Anbau betrifft.

✓ **Das Saterland ist die kleinste Sprachinsel Europas,** wobei niemand genau weiß, wie viele es noch sind, die wirklich saterfriesisch sprechen. Rund 2000 mögen es sein. Eines aber wissen sie ganz genau: 1990 waren die Dörfer an der Grenze zu Ostfriesland „die kleinste Sprachinsel in Europa", dank der besonderen Lage im Moor. Das haben sie schwarz auf weiß, ein Eintrag im Guinness-Buch der Rekorde, die Urkunde hängt im Rathaus der Gemeinde Saterland.

Der Kilmerstuten, das kulinarische Markenzeichen: Wenn im Oldenburger Münsterland ein Stuten auf einer Leiter durch die Gegend getragen wird, reiben sich Außenstehende womöglich die Augen. Dabei handelt es sich um einen alten Brauch, auch Kilmern genannt. Er erinnert an Zeiten, in denen Taufpaten oder Nachbarn nach der Geburt eines Kindes einen Stuten in einen blau- oder rotkarierten Kissenbezug hüllten und ihn den jungen Eltern überbrachten, kaum dass die Mutter das Wochenbett verlassen hatte – ein Akt der Nachbarschaftshilfe. Diese Tradition lebt bis heute fort.

Von Norwegen nach Amerika kommt man mit dem Rad in weniger als zwei Stunden, wenn man sich unterwegs nicht lange im Schnack aufhält. Norwegen ist eine Bauerschaft in der Gemeinde Lastrup, Amerika wird ein Ortsteil von Garrel genannt. Fremdsprachenkenntnisse sind nicht erforderlich. Plattdeutsch ist aber hilfreich, wenn man nach dem Weg fragt.

Der Nikolaus wohnt im Oldenburger Münsterland, genauer: in Nikolausdorf. Das jedenfalls glauben Kinder in aller Welt, drum schicken sie ihm Briefe, nicht selten mit einem langen Wunschzettel. Wobei es auch Kinder gibt, die nur einen Wunsch haben: Frieden. Jedenfalls setzt sich jedes Jahr in der Vorweihnachtszeit ein Team von netten Menschen aus Nikolausdorf zusammen und beantwortet jeden Brief, manche sogar handschriftlich. Seit 1965 geht das nun schon so. Seinen Namen verdankt der kleine Ort nicht dem Heiligen Nikolaus, sondern dem Großherzog von Oldenburg. Doch das ist den Kindern dieser Welt seit 60 Jahren egal.

✓ **„Cloppenburg" fiel vom Himmel.** Im März 2017 fand ein Schulhausmeister am Rande eines Ackers westlich von Cloppenburg einen ungewöhnlichen Stein. Experten nahmen

den 143 Gramm schweren rostbraunen Fund ausgiebig unter die Lupe, dann stand fest: Es ist ein Meteorit, der 49. in Deutschland bestätigte (inzwischen sind es ein paar mehr). Unter dem Namen „Cloppenburg" ist er in einer weltweiten Datenbank eingetragen, neben denen, die im Raum Wardenburg und Großenkneten niedergegangen sind – auffällig viele gerade in dieser Ecke Deutschlands, warum auch immer.

✓ **Damme, die Karnevalshochburg im Norden,** feiert ihren Rosenmontag immer eine Woche vor allen anderen Jecken in der Republik. Der Grund ist ein historischer: 1892 verfügte der Bischof von Münster an den Fastnachtstagen ein „Vierzigstündiges Gebet" mit Anwesenheitspflicht in der Kirche. Eine drakonische Maßnahme, mit der der Bischof vermeintlichen „Ausschweifungen" Einhalt gebieten wollte. Die Dammer aber wollten beides: anständig feiern und „als treue Söhne unserer heiligen Kirche" dem bischöflichen Gebot Folge leisten. Darum wurden die Termine kurzerhand entzerrt und der Rosenmontag um eine Woche vorverlegt. So ist es bis heute geblieben. Und noch etwas: Der Carneval schreibt sich hier mit „C". Auch eine Tradition.

Die Lourdes-Grotte am Jakobsweg: Mitten in Visbek, fast ein bisschen versteckt, liegt ein Nachbau jener Grotte, die in Südfrankreich das Ziel von Millionen von Wallfahrern ist. Die lebensgroße Marienstatue mit ihrem weißen Gewand, die Hände zum Gebet erhoben, wirkt täuschend echt. Bauherr war ein Visbeker Bürger. Er gab Anfang des 19. Jahrhunderts ein Versprechen ab: Für den Fall, dass seine erkrankte Frau genesen sollte, wollte er eine Kopie der Grotte errichten. Der Mann hat Wort gehalten und dafür eigens Steine aus den Pyrenäen heranschaffen lassen.

Der Stoppelmarkt, einer der ältesten **Jahrmärkte im Norden** und ein gesellschaftliches Großereignis, immer Mitte August. Mit klar geregeltem Ablauf und Ehrengästen. Der Markt, der 1298 erstmals urkundlich erwähnt wurde, fand zunächst innerhalb der Mauern von Vechta statt. 1577 wurde er wegen der Pest auf die abgeernteten Stoppelfelder vor den Toren der Stadt verlegt – ein neuer Ort, ein neuer Name. Und heute sogar mit Bahnanschluss: Die Regionalbahn hält in Vechta-Stoppelmarkt. Aber nur während der fünf tollen Tage.

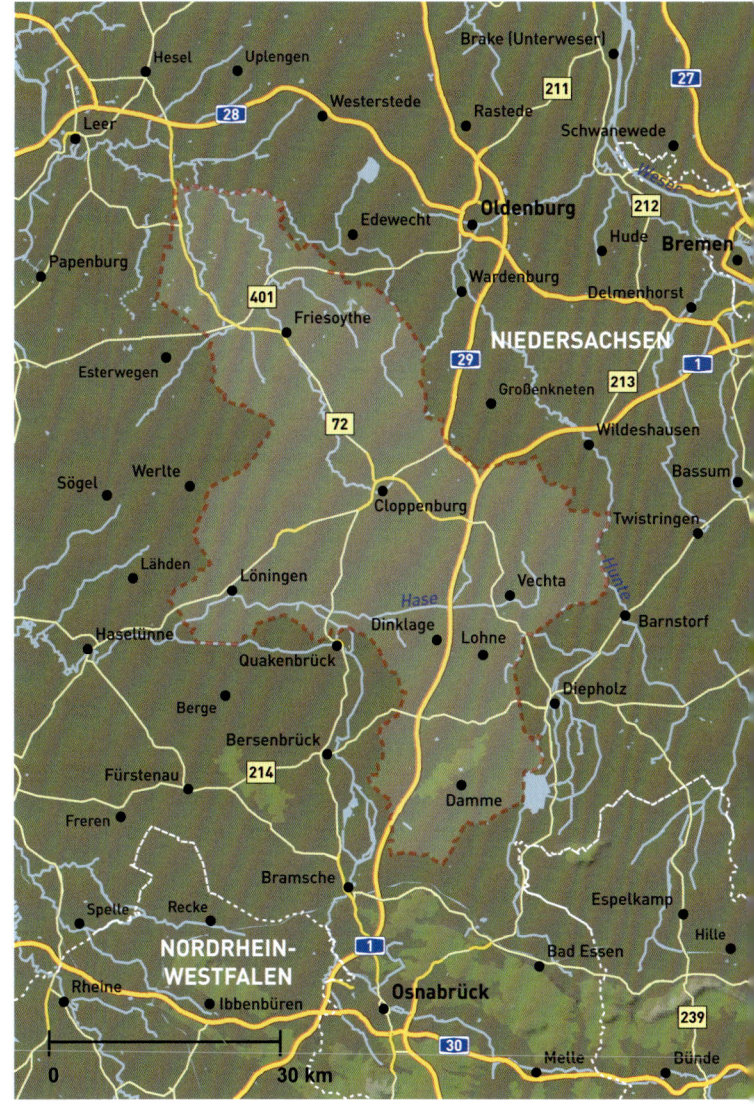

Erholungsgebiet
Barßel & Saterland

Unterwegs mit der Moorbahn „Seelter Foonkieker"

Erholungsgebiet
Barßel & Saterland

1. **Barßeler Hafen: Das Seemannsdorf fernab der Küste**
2. **Elisabethfehnkanal: Bergfahrt im Flachland**
3. **Moor- und Fehnmuseum Elisabethfehn: Von Tod, Not und Brot**
4. **Mooro: Hochprozentiger Botschafter**
5. **Barfußpark Harkebrügge: Doping für die Füße**
6. **Marinefunksendestelle Ramsloh: Norddeutschlands höchste Bauwerke**
7. **Seelter Foonkieker: Endstation im Nirgendwo**
8. **Johanniterkapelle Bokelesch: Das versteckte Kleinod**

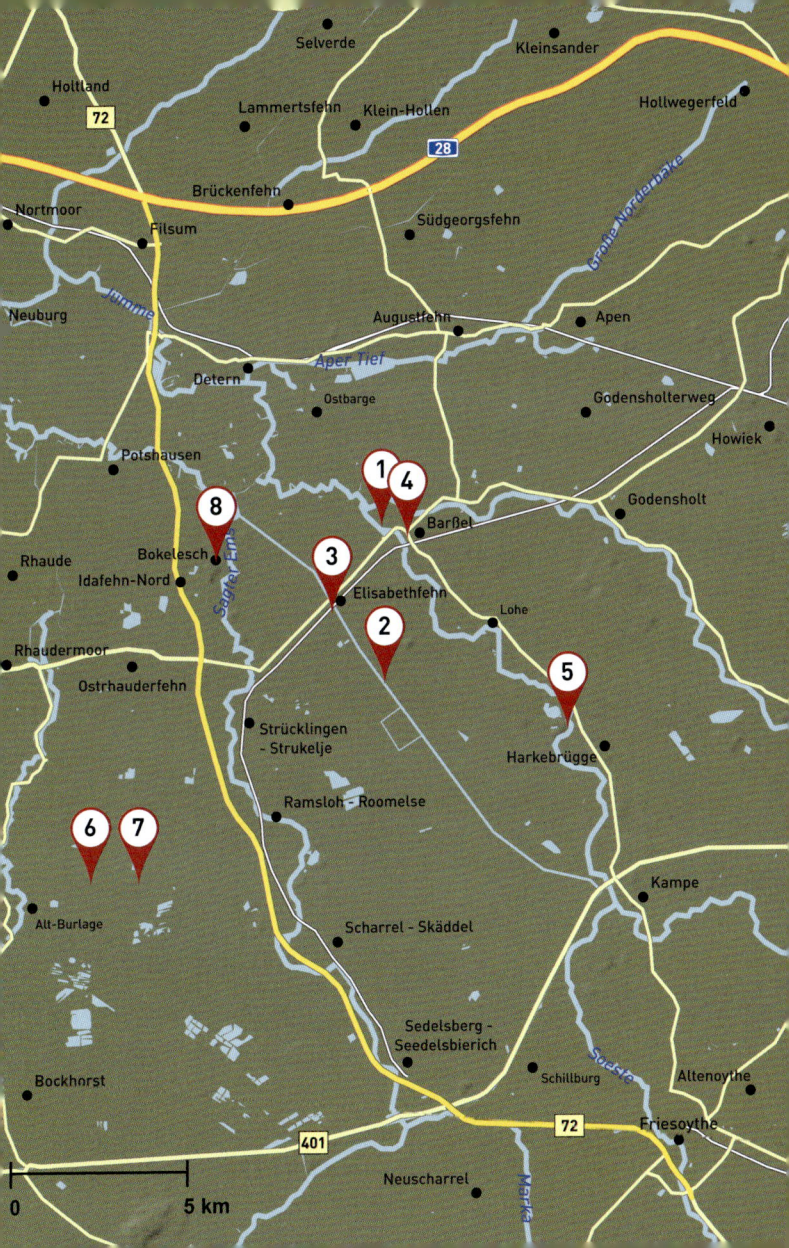

1 Barßeler Hafen

DAS SEEMANNSDORF FERNAB DER KÜSTE

Schiffe gucken, selbst an Bord gehen, eine Fahrrad- oder Kanutour starten oder die Angelrute ausbringen – es gibt viele Gründe, den Hafen von Barßel anzusteuern. Das „Seemannsdorf" liegt zwar nicht an der Küste, hat aber eine lange maritime Geschichte.

Die einen machen ihr Boot am Anleger fest, die anderen schlendern gemütlich die Promenade rauf und runter und genießen den Ausblick von dem zwölf Meter hohen Turm. Der Barßeler Hafen ist, wenn man so will, das touristische Epizentrum des Ortes und das seit nunmehr einem guten halben Jahrhundert. Mitte der 1950er-Jahre wurde die Soeste begradigt und eingedeicht.

20 Jahre später erhielt der flussnahe Teil von Barßel sein heutiges Gesicht: Am westlichen Ufer der Soeste entstand ein neuer Hafen für Sportboote. Seit 1990 startet hier auch die „MS Spitzhörn" zu einer rund zweistündigen Mini-Kreuzfahrt Richtung Nordsee. Das Fahrgastschiff ist 20 Meter lang und hat einen Tiefgang von 90 Zenti-

Mini-Kreuzfahrt mit der „MS Spitzhörn"

metern. 55 Personen passen in den Salon, 75 auf das Sonnendeck. Gruppen ab 25 Personen können auch gleich den ganzen Dampfer chartern und dann über Kaffee und Kuchen hinweg Fischreiher oder Storch in Ufernähe beobachten.

Bootsfahrt auf der Soeste

Spitzhörn hieß früher eine Landzunge im Barßeler Tief – das „spitze Horn" musste von Schiffen umfahren werden. Das kam tatsächlich ziemlich häufig vor, denn Barßel war ein Torfschifferdorf, später dann ein Seemannsdorf. Der Hafen hatte anfangs eine, ab 1852 zwei Kajen. Zu dieser Zeit wurden hier bereits um die 100 Schiffe gezählt. Aus dem Ort kamen viele Kapitäne, die auch auf den Weltmeeren unterwegs waren. Fast jede Familie war mit der Seefahrt verbunden. An diese Zeit, die mit dem Aufkommen der Dampf- und Motorschiffe endete, erinnern das einmastige Segelboot im Wappen des Ortes und das Hafenfest – es ist alljährlich im August ein wichtiger Termin im Kalender des heimatverbundenen Barßelers.

Zu anderen Zeiten geht es deutlich ruhiger zu. Urlauber wie Einheimische leihen sich Rad oder Kanu (*naturerlebnispaddelundpedal.de*), Wohnmobilisten genießen den Blick auf die Soeste und den Leuchtturm von ihrem Stellplatz direkt am Hafen. Gleich daneben ist das Vereinsheim vom Fischereiverein Barßel (*fischereiverein-barssel.de*). Das Fischen in einem Fluss mit Tidenhub, der 50 Zentimeter und mehr beträgt, will gelernt sein. Je stärker die Strömung, desto mehr Blei muss an die Schnur. Das und mehr lernt man in den Kursen des Fischereivereins. Und auch, wie man einen Fisch einlegt und räuchert.

Panoramablick vom Aussichtsturm

Links die „MS Spitzhörn", rechts ein Hausboot

Info

Lage: Barßel liegt etwa 45 Kilometer nördlich von Cloppenburg. Der Barßeler Hafen liegt an der Deichstraße, die im Westen des Ortes von der Hauptstraße abzweigt.

Übernachten: Die Hausboote „Levitate" und „Barkeloh" im Barßeler Hafen sind beheizbar, also auch im Winter buchbar. *hausboot-barssel.de*

Einkehr:
- Queen of Texas: ein wie ein Raddampfer gestaltetes Restaurant; Deichstraße 1a, 26676 Barßel, *queenoftexas-barssel.de*

Website: *barssel-saterland.de/wasserfreizeit*

2 Elisabethfehnkanal

BERGFAHRT IM FLACHLAND

Der Elisabethfehn-
kanal ist der „letzte
noch voll schiffbare
Fehnkanal Deutsch-
lands". Man kann ihn
auf der Fehnroute gleich
neben dem Kanal abra-
deln. Hobby-Skipper
favorisieren den Wasser-
weg. So oder so ist es
eine Fahrt durch die
Geschichte von
Elisabethfehn.

Egon Buss startet den Motor seines Bootes. Buss ist Vorsitzender des Fluss- und Kanalschiffervereins Elisabethfehn. Kaum jemand kennt „den letzten noch voll schiffbaren Fehnkanal Deutschlands" so gut wie er. Von der Sagter Ems bis zum Küstenkanal, also von dem einen bis zu dem anderen Ende, sind es knapp 15 Kilometer. Vor uns liegt eine „Bergfahrt" mit vier Schleusen, sieben Klappbrücken und einem „Anstieg" von fast fünf Metern.

Schon nach kurzer Fahrt nähern wir uns der Schleuse Osterhausen. Lange Zeit hing an dieser Schleuse das Schicksal des ganzen Kanals. Sie war 160 Jahre alt und musste erneuert werden. Dafür hat sich die Bürgerinitiative „Rettet den Elisabethfehnkanal" stark gemacht, Buss war mit dabei. Seit 2020 ist das denkmalgeschützte Bauwerk saniert und wieder passierbar. Mal kommt nur ein Schiff am Tag, mal vier, erzählt Freddi Westermann, einer der beiden Schleusenwärter in Osterhausen. Es sind vor allem Niederländer, die mit ihren Sportbooten den Kanal als Abkürzung zur Weser hin nutzen. Nach ein paar Minuten in der Schleuse haben wir knapp 80 Zentimeter an Höhe gewonnen. Eine Klappbrücke noch – Westermann öffnet sie per Knopfdruck – und weiter geht die sinnige Fahrt.

Immer suutje geradeaus

Maximal sieben Stundenkilometer darf er auf dem Kanal fahren, sagt Buss. Die Radfahrer auf der Fehnroute neben uns sind schneller. Nach einer leichten Rechtskurve taucht Dreibrücken auf. Früher kreuzten sich hier zwei Kanäle, über die drei Brücken führten, daher der Name. Dreibrücken ist das Zentrum von Elisabethfehn. Das ehemalige Kanalwärterhaus

Ein Hauch von Holland

Skipper Egon Buss

beherbergt heute das Moor- und Fehnmuseum. Es ist der beste Ort, um sich über die Geschichte des Kanals zu informieren. Schon Napoleon erwog hier den Bau einer Wasserstraße. Doch erst Mitte des 19. Jahrhunderts nahm die Idee Gestalt an. Oberst Johann Ludwig Mosle und der „Vermessungsconducteur" Ihno Hayen Fimmen waren die entscheidenden Akteure. 1855 begannen die Bauarbeiten, anfangs noch per Hand, ein schwieriges Unterfangen, nach zehn Jahren waren erst vier Kilometer geschafft. Doch dann fräste sich ein Hodges'sches Schiff durchs Moor, fünf Meter in der Stunde kam man nun voran. 1862 wurden die ersten Kolonate vergeben. Der Torf, den die Siedler abbauten, wurde mit Muttschiffen, Tjalken oder Poggen in Städte wie Emden oder Leer transportiert. Auch Ziegeleien waren dankbare Abnehmer. Auf dem Rückweg brachten die Kolonisten Sand und Schlick mit „oder auch mal einen Misthaufen vom Marschbauern", so Buss, um sich Gärten anzulegen.

Für die drei Schleusen und sechs Brücken zwischen Dreibrücken und dem Küstenkanal ist ein Mitarbeiter der Gemeinde Barßel zuständig. Besonders gefordert ist er bei der Eisenbahnbrücke Dreibrücken. Hier muss er nicht nur – wie bei den anderen Brücken – Schranken schließen, Sperrbolzen lösen und Knöpfe drücken, sondern auch eine Handkurbel für die Weichen betätigen

Und tschüss!

und sieben Schlüssel und 13 Schlösser bedienen. Ein Schlüssel gibt den nächsten frei, eine Art Kettenreaktion, ein deutschlandweit einmaliges Prozedere, darum steht die 1948 gebaute Brücke auch unter Denkmalschutz.

Hinter Dreibrücken säumen hohe Bäume das Ufer. Überragt werden sie von einem Fabrikgebäude auf der rechten Kanalseite: die ehemalige Torfkoksfabrik, 1905 gegründet, die älteste der Welt. Bis zu 20.000 Tonnen Torfkoks wurden hier im Jahr produziert. Bis 1990 ging das so, dann wurde der Betrieb eingestellt. Auch hierüber erfährt man mehr im Moor- und Fehnmuseum.

Lage: Der Kanal ist die Lebensader von Elisabethfehn und nicht zu verfehlen. Elisabethfehn liegt etwa 45 Kilometer nordwestlich von Cloppenburg.

Einkehr:
- Café Zauberhafte LebenZart: direkt am Kanal gelegen; Oldenburger Straße 66, 26676 Barßel, *lebenzart.de*
- Teestube im Moor- und Fehnmuseum (siehe Tipp 3)

HINWEIS: Boote, die durch den Kanal wollen, werden in der Saison, also vom 15. Mai bis 15. September, von einem Mitarbeiter der Gemeinde Barßel begleitet – von Schleuse zu Schleuse, von Brücke zu Brücke. Außerhalb der Saison muss sich der Bootsführer, der geschleust werden will, drei Tage vorher bei der Gemeinde Barßel anmelden.

3 Moor- und Fehnmuseum
Elisabethfehn

VON TOD, NOT UND BROT

Große Hochmoorflä-
chen bestimmten frü-
her das Landschaftsbild
im Nordwesten. Nach
und nach hat der Mensch
diese Flächen kultiviert
und besiedelt. Elisabeth-
fehn gehört zu den eher
jüngeren Siedlungen.
Über das Leben im, vom
und mit dem Moor
informiert das Moor -
und Fehnmuseum.

Um es gleich vorwegzunehmen: Ja, auch in Elisabethfehn ist eine Moorleiche zu sehen. Allzu viel ist allerdings nicht übriggeblieben von dem etwa zwölf Jahre alten Jungen, der vor fast 1000 Jahren ein trauriges Ende im Moor fand. Ein Torfarbeiter aus Esterwegen stieß 1939 auf seine Überreste, ein paar Knochen nur. Der „Junge von Burlage" lag vermutlich eine Weile tot auf der Mooroberfläche, dann wurde sein Gerippe von Torfmoosen überwachsen. Wäre er im Moor versunken, dann wäre er mit Haut und Haaren erhalten geblieben. Denn Moor konserviert so ziemlich alles, was hineingerät. Und so liefern Moorleichen den Forschern heute unter anderem Aufschlüsse über die Ernährungsgewohnheiten unserer Vorfahren.

Moorlehrgarten und Maschinenpark

Einige Aufmerksamkeit dürfte im Moor- und Fehnmuseum auch eine ganz besondere Toilette finden, die auf eine weitere Eigenschaft des Moores oder vielmehr des Torfes verweist: Er bindet Geruch, jedenfalls wenn er als feiner Torfmull zum Einsatz kommt – Camper und Tiny-House-Fans werden es wissen.

Ortsmodell im Museum

Torfmullklosetts waren früher weit verbreitet. Dass das Moor auch gesundheitsfördernde Eigenschaften besitzt, erfuhren 1956 im 30 Kilometer entfernten Bad Zwischenahn die ersten Kurgäste. Sie stiegen in eine hölzerne Badewanne, wie sie auch in der Ausstellung zu sehen ist.

Den Siedlern in Elisabethfehn sicherte der Torf schlicht das Überleben. Schwarztorf aus den Mooren im Nordwesten wurde noch bis Mitte des 20. Jahrhunderts vielerorts als Brennmaterial genutzt. Hatte das Ostermoor anno 1846, als der „Vermessungs-conducteur" Ihno Hayen Finnen mit den Vorarbeiten für den Bau des Hunte-Ems-Kanals begann, noch eine Mächtigkeit von acht Metern, so war davon ein halbes Jahrhundert später kaum noch etwas übriggeblieben. Dass entwässerte Moore den über Jahrtausende gespeicherten Kohlenstoff als CO_2 abgeben, ist eine Erkenntnis unserer Tage.

Moorkate

Das Wachsen und Schrumpfen des Moores veranschaulichen fünf Eichenstelen neben einer Aussichtsplattform. Von dieser Aussichtsplattform hat man einen guten Überblick über das Freigelände: links die kleine Moorkate, wie sie die ersten Siedler nutzten, davor ein Lehrgarten mit der für Moore charakteristischen Pflanzenwelt, in der Mitte der große Maschinenpark und rechts die Wieke, ein Seitenkanal. Dort liegt auch die „Elisabethfehn 02", eine Schute. Das Plattbodenschiff hat keinen Motor und wurde lange Zeit „getreidelt", also von Mensch oder Pferd am Ufer gezogen. Um 1880 setzte ein Schleppdampfer dieser Plackerei ein Ende. Auch der Abbau des Torfes war bald keine Handarbeit mehr. Auf dem Freigelände steht ein riesiger Bagger, benannt nach Oltmann Wurp Strenge aus Elisabethfehn, der ihn Ende des 19. Jahrhunderts entwickelt und

Museumswieke mit Schute

dafür bei der Weltausstellung in St. Louis, Amerika, mit dem „Grande Prize" ausgezeichnet wurde. Strenge-Bagger kamen noch vor rund 20 Jahren im Vehnemoor zum Einsatz.

Info

Lage: Das Moor- und Fehnmuseum liegt mitten im Ort Elisabethfehn, direkt am Elisabethfehnkanal.

Adresse: Oldenburger Straße 1, 26676 Elisabethfehn

Einkehr: Zum Museum gehört eine Teestube. Hier für viele die erste Wahl: ein Buchweizenpfannkuchen mit Speck und Sirup, wie er bei den Siedlern auf den Teller kam. *fehnmuseum.de/en/teestube*

Aktivitäten:
- Schaubacken: Wie früher gebacken wurde, demonstriert einmal im Monat – an einem Sonntag – ein Bäcker, der Brot und Stuten in einen alten Saterländer Steinbackofen schiebt. *fehnmuseum.de/en/veranstaltungen*

Website: *fehnmuseum.de*

4 Mooro

HOCHPROZENTIGER BOTSCHAFTER

Es war im Jahr 1954, als Gustav Schünemann in seiner „Apotheke am Moor" in Elisabethfehn aus diversen Kräutern und anderen natürlichen Zutaten ein Getränk entwickelte, das – Achtung, Marketing – „die Seele der jahrtausendalten Moorlandschaft einfängt". Der Name: Mooro. Gustav Schünemann, der sich später unter anderem als Gründer und Leiter des Moor- und Fehnmuseums in Elisabethfehn einen Namen machte, starb 2022 im Alter von 91 Jahren. Die Apotheke, in der er den Mooro entwickelte, gibt es nicht mehr. Aber der Mooro ist noch da. Die Rezeptur, die ein wenig „nachjustiert" wurde, ist ein Familiengeheimnis, sagt Sohn Henning. Sie wird auch nach wie vor „vorgemischt", nun in seiner Apotheke in Barßel.

Meistermann in Bakum, Kreuzritter in Mühlen, Lübbehusen in Emstek, Mooro in Barßel – es gibt im Oldenburger Münsterland eine ganze Reihe von Produzenten mehr oder weniger hochprozentiger Spirituosen. Wobei Mooro, ein Bitter, auch überregional einen Ehrentitel einheimsen konnte: als „Kulinarischer Botschafter Niedersachsens".

Hergestellt und abgefüllt wird der Mooro dann extern, nach genau den Regeln, die Gustav Schünemann schon vor rund 70 Jahren festgeschrieben hatte. Es handelt sich um einen Kaltansatz, bei dem die Pflanzenbestandteile in Alkohol gelegt werden. Immer wieder wird umgerührt, über mehrere Tage hinweg. Dann wird filtriert. Heraus kommt „ein ausgewogener, dennoch kräfti-

Henning Schünemann

ger und aromatischer Bitter", urteilte die Jury, die den Mooro 2016 zum „Kulinarischen Botschafter Niedersachsens" kürte. Getrunken wird er in vielen Lokalen längs der Fehnroute. Flaschenweise bekommt man ihn in mehreren Supermärkten, im Moor- und Fehnmuseum Elisabethfehn und im Internet. Und natürlich rezeptfrei in der Apotheke von Henning Schünemann in Barßel.

Lage: Die Schünemann-Apotheke befindet sich mitten in Barßel.

Adresse: Lange Straße 10, 26676 Barßel

Serviervorschlag: Klassisch trinkt man Mooro pur oder auf Eis. Wer Cocktails mag, kann sich im Internet mehrere Rezepte herunterladen, beispielsweise für einen „Moorinha"

Website: mooro.de

Info

5 Barfußpark Harkebrügge

DOPING FÜR DIE FÜSSE

Eigentlich macht man es viel zu selten: Barfußlaufen. Denn es macht Spaß und ist auch noch gesund. Testen kann man es im Barfußpark in Harkebrügge. Er gehört er zu den größten in Norddeutschland. Der Parcours hat eine Länge von 1,6 Kilometern und über 60 Stationen.

Spielerische Baumkunde

Der Kies ist mal fein und mal grob. Moor, Moos, Mulch und Korken fühlen sich weich an, Muscheln sind dagegen eher eine Herausforderung. Und Glas ist die ultimative Nagelprobe für den kleinen Fakir in uns. Aber keine Angst: die Scherben sind abgeschliffen. Der Parcours führt mitten durch einen 4,5 Hektar großen Wald, es geht im wahrsten Sinne über Stock und Stein. Die Besucher balancieren über Baumstämme, Holzstelzen oder ein Gurtband zwischen zwei Bäumen, der Slackline. Geschicklichkeit ist vonnöten, wenn es darum geht, mit den Füßen einen Knoten zu binden. Ein Fühl- und ein Riechkasten komplettieren das Angebot. So werden fast alle Sinne angesprochen, selbst das Schmecken, wenn man denn

Farbenfrohes Insekten-Quiz

Abkühlung für die Füße

einen Picknickkorb gepackt hat – dafür gibt es extra einen Bereich auf halber Strecke. Flankiert wird der Weg, für den man eineinhalb bis zwei Stunden veranschlagen sollte, von 25 Lehrtafeln, die Wissenswertes über die heimische Flora und Fauna vermitteln.

Vor dem Spülen …

Mediziner sind sich einig: Barfußlaufen ist Doping für die Füße. Mehr noch: Die Stimulation der Fußsohlen wirkt sich positiv auf die inneren Organe aus. Der Blutdruck wird reguliert, das Immunsystem gestärkt und das Herz-Kreislauf-System angeregt. Das wusste übrigens auch schon Gesundheitspfarrer Sebastian Kneipp. Aber auch heute noch lautet der Tipp der Ärzte: Einfach mal die Schuhe weglassen.

Info

Anfahrt: Harkebrügge ist ein Ortsteil von Barßel.

Adresse: Am Fuhrenkamp 1A, 26676 Barßel

Übernachten: Wer mag, kann im Barfußpark auch nächtigen – in einem der fünf Baumzelte, die bis zu drei Meter über dem Waldboden schweben und jeweils Platz für mehrere Personen bieten. Bei gutem Wetter kann nachts das Dach abgenommen werden. Den Weckdienst übernehmen die Vögel. Das Frühstück wird in einem nahen Gasthaus serviert.

Website: *barfusspark-harkebruegge.de*

HINWEIS: Hunde sind nicht erlaubt.

6 Marinefunksendestelle Ramsloh

NORDDEUTSCHLANDS HÖCHSTE BAUWERKE

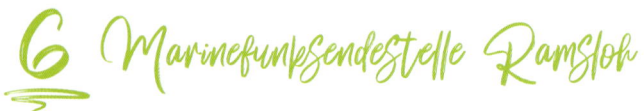

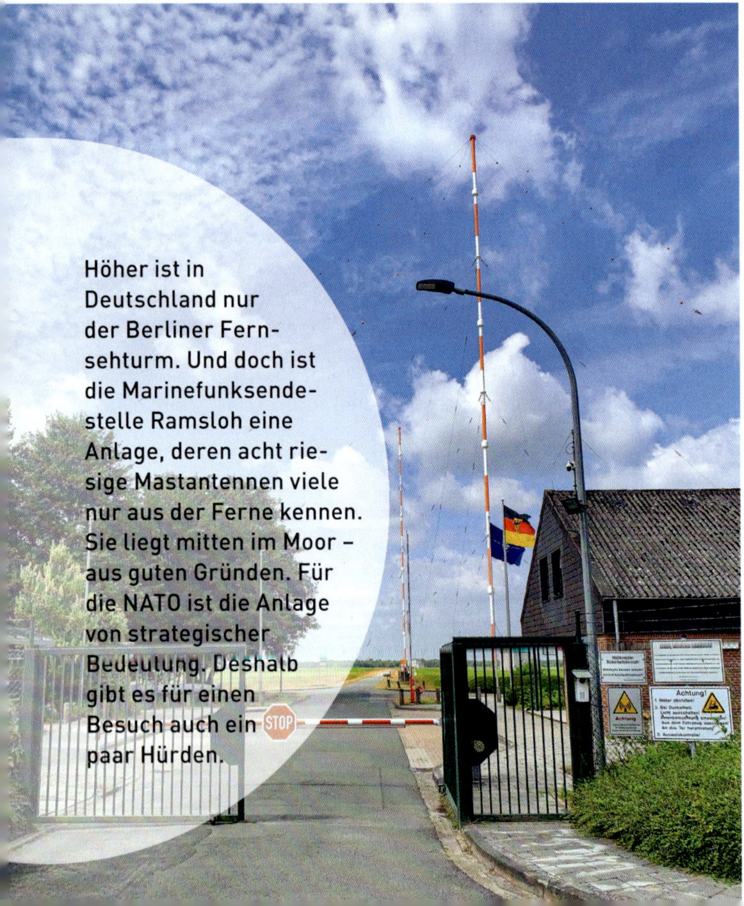

Höher ist in Deutschland nur der Berliner Fernsehturm. Und doch ist die Marinefunksendestelle Ramsloh eine Anlage, deren acht riesige Mastantennen viele nur aus der Ferne kennen. Sie liegt mitten im Moor – aus guten Gründen. Für die NATO ist die Anlage von strategischer Bedeutung. Deshalb gibt es für einen Besuch auch ein paar Hürden.

Die Marinefunksendestelle Ramsloh liegt am Ende einer langen Straße, umgeben von einem zwölf Kilometer langen Zaun. Die Hinweisschilder an diesem Zaun sind deutlich: „Vorsicht, Schusswaffengebrauch!" Die Dinge, die hier geschehen, betreffen die gesamte NATO, sind also hochsensibel. Ohne Anmeldung kommt man nicht rein. Und ohne Ausweis auch nicht. Die Wache, Pistole im Halfter, sammelt das Dokument am Eingang ein. Dann muss jeder Besucher eine „Belehrung" unterschreiben – dass er keinen Herzschrittmacher hat, sich von bestimmten Bereichen fernhalten und den Anweisungen des Personals Folge leisten wird.

Mastantennen mitten im Moor

Für die meisten Besucher ist es eine fremde Welt, eine Welt der Abkürzungen und der langen Namen. „MFüUstgZ" zum Beispiel steht für Marineführungsunterstützungszentrum. Carsten Kröger, der für die Öffentlichkeitsarbeit zuständig ist, muss also eine Menge erklären. Kröger ist seit fast 25 Jahren bei der Marine und lange zur See gefahren, auf Schnellboten und Versorgern. Er hat einen Stern und einen Balken auf seiner Schulterklappe, soll heißen: Kröger ist Offizier und Leutnant zur See.

„Diese Anlage ist einmalig", sagt Kröger. Sicher, es gibt weitere in der NATO, aber die in der Esterweger Dose ist für das transat-

Begrüßung der Besucher

lantische Bündnis von besonderer Bedeutung, denn sie hat kaum Ausfallzeiten. Die Hauptaufgabe: Abgetauchte U-Boote der NATO mit Informationen versorgen. Diese Informationen sind verschlüsselt. „Wir sind weltweit empfangbar", so Kröger. Bis zu welcher Tauchtiefe, das ist geheim. Nur soviel: Die 15 oder 20 Meter, die ein deutscher Sender namens „Goliath" im Zweiten Weltkrieg schaffte, die schaffen sie hier locker. 1957 stellte die Bundesmarine ihre ersten U-Boote in Dienst, darunter „Wilhelm Bauer", das heute im Schifffahrtsmuseum in Bremerhaven zu sehen ist. Es brauchte also eine neue Sendeanlage. Bis diese ihre ersten Signale aussenden konnte, gingen allerdings noch viele Jahre ins Land, erst 1982 war es soweit. Kosten damals: rund 180 Millionen D-Mark. „Jetzt würden wir weit in die Milliarden gehen."

Acht Mastantennen ragen nun in den Himmel, fünf in Ostfriesland, drei im Landkreis Cloppenburg, also auf oldenburgischem Gebiet. Die Masten sind exakt 352,8 Meter hoch und haben on top noch einen acht Meter hohen Dachschirm. Es gibt in Deutschland nur ein Bauwerk, das höher ist: den Berliner Fernsehturm mit 368 Metern. „Wir waren jahrelang das höchste begehbare Bauwerk in Europa", sagt Kröger. Jeder Mast wiegt 475 Tonnen. Abspannseile, sogenannte Pardune, verhindern ein Schwanken.

Alle fünf Jahren werden Masten und Seile geprüft, nach Stürmen gibt es eine „kleine Mastprüfung". Und alle 20 Jahre wird frische Farbe aufgetragen, die Malerarbeiten werden ausgeschrieben und dauern Monate.

Die Sender selbst sind in zwei speziellen Schutzbauten untergebracht. Beide Bauten verfügen über ein 120.000-Liter-Fass für Diesel und vier Generatoren. Sie sind rund um die Uhr mit vier Mann besetzt und auf vielfältige Weise gesichert, wie genau, behält Kröger für sich. Die gesamte Anlage liegt inmitten einer weiten, nahezu baumlosen Ebene. Auch das ist kein Zufall. „Wir sind abhängig vom Moor", das hier mehrere Meter tief ist. „Feuchter Boden garantiert eine bessere Reichweite." Der Klimawandel – genauer: die Trockenheit – ist also auch hier ein Problem.

Lage: Die Marinefunksendestelle liegt in der Esterweger Dose, die sich etwa 50 Kilometer nordöstlich von Cloppenburg befindet. Man erreicht die Sendestelle über die Moorgutstraße, die in Saterland-Ramsloh von der B72 abzweigt.

Aktivitäten:
- Besuchstermine: Nur nach Voranmeldung! Sechs Termine für Gruppen mit bis zu 20 Personen werden im Jahr vergeben. Man braucht also Glück und Geduld – Anfragen per Mail an *MFuSStRamslohOeffentlichkeitsarbeit@bundeswehr.org*
- Moortouren: Wer nur mal von außen einen Blick auf die Marinefunksendestelle werfen möchte: Bei der „Moorerlebnisroute" umrundet man mit dem Rad die Esterweger Dose. Für die rund 100 Kilometer lange Strecke sollte man zwei Tage veranschlagen. *moorerlebnisroute.de*.
- Oder man fährt mit der Moorbahn „Seelter Foonkieker" für zwei Stunden geradewegs hinein in eine der größten zusammenhängenden Moorflächen Deutschlands (siehe Tipp 7).

7 Seelter Foonkieker

ENDSTATION IM NIRGENDWO

Fast täglich zuckelt in den Sommermonaten der „Seelter Foonkieker" durch das Saterländer Westermoor, das zur Esterweger Dose gehört. Die Fahrt mit der Lorenbahn ist ein auch bei Gruppen beliebtes Angebot, kein Wunder, denn es ist die wohl bequemste Art, sich dem Moor zu nähern.

Bahnsteig

Ludger Thedering

„Seelter Foonkieker" ist Saterfriesisch und heißt Saterländer Moorgucker. Denn darum geht es: einen Blick in das Saterländer Westermoor zu werfen, was ja ansonsten nicht so ohne Weiteres möglich ist. Hier darf man es, allerdings nur in Begleitung von Ludger Thedering. Thedering ist Gäste- und Lokführer in Personalunion. Er arbeitet beim Torfwerk Moorkultur, einem der drei Unternehmen, die noch Torf in der Esterweger Dose abbauen dürfen. Die Dose ist mit rund 5000 Hektar das bei Weitem größte Naturschutzgebiet in der Weser-Ems-Region.

Weichenstellung

Schon bei der Anmeldung verweist Thedering darauf, dass wetterfeste Kleidung in den Rucksack gehört, denn unterwegs verlässt man die überdachten Loren. Bevor es allerdings losgeht, vermittelt er Grund-

Der Brennstoff Torf ...

lagenwissen in Sachen Moor – in einem Raum, der von 1962 bis 1968 noch ein „Knast" war, eine Außenstelle der JVA Lingen. Dann erst darf man in die Bahn, mit der früher Torf transportiert wurde. Sie fährt geradewegs hinein in ein Hochmoor, das noch Mitte des vergangenen Jahrhunderts das größte zusammenhängende Regenmoorgebiet in Mitteleuropa war. Bei einem Stopp präsentiert Thedering unter anderem einen Querschnitt durch das Moor und erläutert den feinen Unterschied zwischen Schwarztorf und Weißtorf. Und er erzählt, was mit den abgetorften Flächen passiert – immerhin soll hier die größte zusammenhängende Renaturierungsfläche

... in der Nahaufnahme

Europas entstehen. Auf Wunsch verliert Thedering auch ein paar Worte auf Saterfriesisch. Denn er gehört tatsächlich zu den Wenigen, die es noch können. Am Ende fasziniert viele Besucher vor allem eines: die Weite des Moores. Und die Stille.

Bahnsteig

Endstation, bitte alle aussteigen!

Lage: Das Saterländer Westermoor liegt etwa 40 Kilometer nordwestlich von Cloppenburg.

Info

Adresse: Der „Seelter Foonkieker" startet beim Torfwerk Moorkultur, Moorgutstraße 17, 26683 Saterland-Ramsloh.

Einkehr: Nach vorheriger Absprache kann auf dem Moorgut gegrillt werden – auf Schwarztorf.

Website: *moorfahrten.de*

DAS VERSTECKTE KLEINOD

Sie gehört zu den letzten Zeugnissen einer einst vielfältigen friesischen Klosterlandschaft: die Johanniterkapelle Bokelesch im nördlichen Zipfel des Oldenburger Münsterlandes. Der Bau aus dem 13. Jahrhundert war das geistige Zentrum einer kleinen Ordensgemeinschaft, über deren Wirken man sich im ehemaligen Pfarrhaus gleich nebenan informieren kann.

„Man muss gut aufpassen, weil dieses Kleinod von der Straße aus schwer zu sehen ist. Man ist schnell dran vorbeigefahren", sagt Renate Lüken-de Vries. Sie betreut das Informationszentrum neben der Kapelle. Der Johanniterorden war in Friesland gut vertreten, im Mittelalter gab es insgesamt 24 Kommenden, in denen Ordensangehörige lebten, erzählt Lüken-de Vries. Alle wurden sie vom Mutterkloster in Steinfurt (Westfalen) gegründet. „Und diese ist die einzige, die übriggeblieben ist."

Früher gab es in Bokelesch sogar zwei Klöster, eines für die Nonnen und eines für die Mönche. Diese Art von Doppelkloster gilt als Besonderheit friesischer Johanniterklöster. Zu den Aufgaben der Mönche zählte vor allem die Landarbeit. „Hier war ja eher eine ärmliche Gegend, viel Moor, also harte Arbeit." Daneben kümmerte sich die Ordensgemeinschaft vermutlich auch um die Pflege der Kranken.

Viel mehr blieb nicht vom Kloster

Das Jahr 1400 brachte eine Zäsur. Gehörte das Saterland bis dahin zu Friesland, so fiel es nun an die Münsterländer. Das missfiel zwar den Bewohnern des Saterlandes, die sich weiterhin als Friesen verstanden, hatte aber im Nachhinein den großen Vorteil, dass das Kloster erhalten blieb. Denn im Zuge der Reformation ließ Graf Enno II. von Ostfriesland alle Klöster in seinem Herrschaftsgebiet zerstören. „Hier auf dieses Kloster hatte er keinen Zugriff mehr und deswegen ist es als einziges friesisches Kloster erhalten geblieben", so Lüken-de Vries. Doch das Glück währte nicht ewig. Denn im Dreißigjährigen Krieg wurde auch dieses Kloster, das die Ordensleute bereits 1588 verlassen hatten, in Mitleidenschaft gezogen. So blieb am Ende nur die Kapelle übrig.

Besucher betreten den Backsteinbau durch eine Holztür aus dem 17. Jahrhundert. Sofort fällt der Blick auf eine Madonna in einem Strahlenkranz an der Decke und auf ein meterhohes Kruzifix. Der Altar steht seit der Restauration im Jahre 2005 wieder dort, wo er früher schon stand. Neu ist eine gläserne Bodenplatte davor. Sie erlaubt einen Blick auf die Fundamentreste des Altars und den gestampften Lehmboden aus dem 13. Jahrhundert. Neu ist auch eine Reliquie von Clemens August Kardinal Graf von Galen – sie befindet sich seit Juli 2014 im Altar. Der ehemalige Bischof von Münster und Gegner der Euthanasiemorde der Nationalsozialisten war Mitglied des Johanniterordens (siehe auch Tipp 40).

Eingang und Hagioskop

Sollte die Tür der Klosterkapelle verschlossen sein, so erlauben zwei Hagioskope einen ersten Einblick. Dabei handelt es sich um kleine Öffnungen im Mauerwerk, unter anderem rechts von der Eingangstür, „durch die Aussätzige oder Kranke, die zum Beispiel die Pest hatten oder Cholera, trotzdem die Messe verfolgen konnten." Die auch „Lepraspalte" genannten Hagioskope finden sich vor allem in ehemals dünn besiedelten Regionen – und dazu zählte auch das Saterland.

Geschichtsträchtige Kapelle

Näheres über die Baugeschichte der Kapelle, über Grundsätze des Ordens und über Persönlichkeiten der Gemeinschaft erfährt man in der Ausstellung im benachbarten Info-Zentrum. Eine 3D-Darstellung verdeutlicht, wie die Klosteranlage früher ausgesehen haben könnte. Hinzu kommen Erläuterungen auf Deutsch, Niederländisch, Englisch und zum Teil sogar – über QR-Codes abrufbar – auf Saterfriesisch.

Lage: Die Johanniterkapelle liegt in Bokelesch, einer Bauerschaft unweit der B72. Barßel, Elisabethfehn und Ostrhauderfehn sind jeweils nur wenige Kilometer entfernt.

Info

Adresse: Johanniterstraße 6, 26683 Bokelesch

Website: *friesische-johanniter.de*

Erholungsgebiet
Thülsfelder Talsperre

Die Talsperre im Frühling

Erholungsgebiet Thülsfelder Talsperre

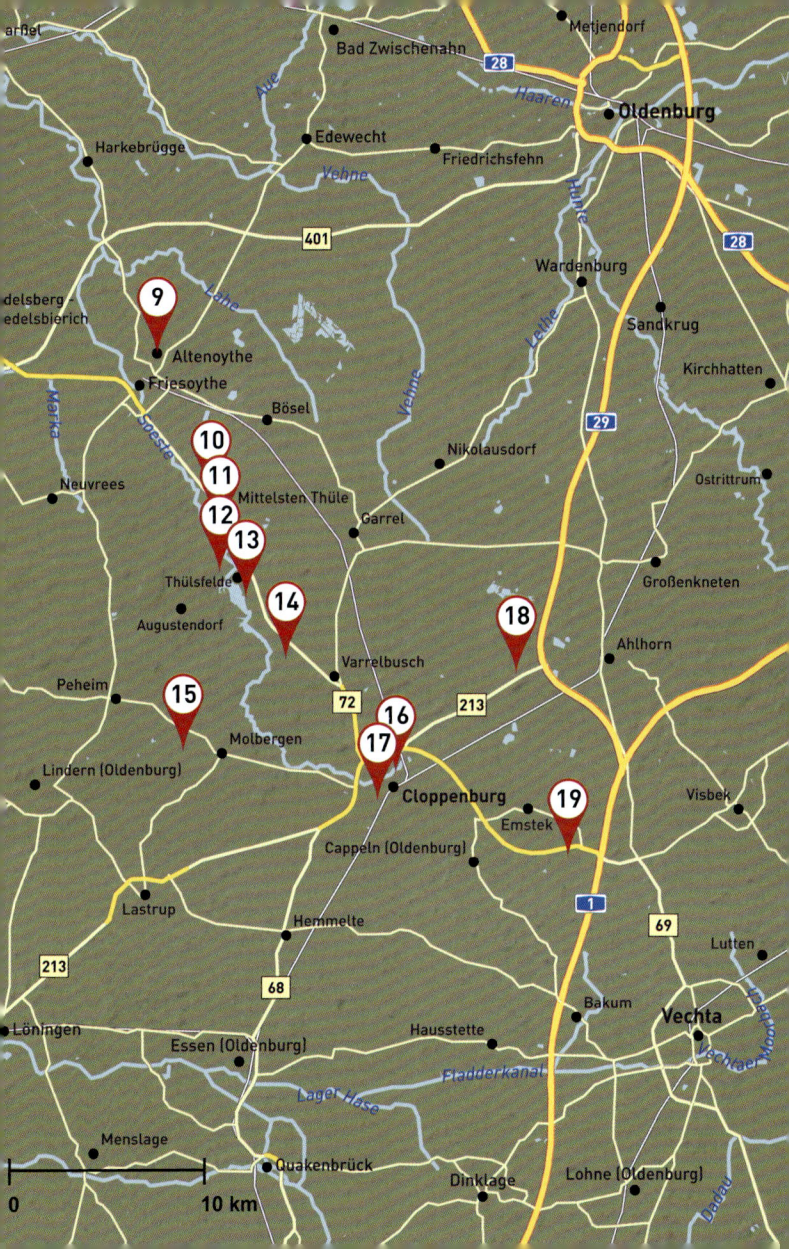

9 Gut Altenoythe

APFEL, ARONIA UND MEHR

„Landwirtschaft hautnah" verspricht Jan Wreesmann bei seinen Führungen auf dem Gut Altenoythe. Seit Mitte des 19. Jahrhunderts lebt die Familie auf dem ehemaligen Adelssitz. „Bauer Jan", wie Wreesman sich auch nennt, hat sich vor allem dem Obstbau verschrieben. Seine Frau Anne produziert derweil schmackhaften Käse.

„An apple a day keeps the doctor away", lautet eine englische Rede-wendung. Tatsächlich werden dem Apfel allerlei segensreiche Wirkungen zugesprochen, dank vieler Vitamine und Nährstoffe. Frisch vom Baum bekommt man ihn auf dem Gut Altenoythe – zum Selbstpflücken. Wer mehr über den Apfel wissen möchte, sollte sich zu einer Führung anmelden. So wie die Erwachsenen und Kinder, die sich an einem Herbsttag unter Bäumen voller Äpfel

Bauer Jan

versammelt haben. Jan Wreesmann hat den Kindern versprochen, dass sie auch Tiere kennenlernen, „kleine Tiere". Regenwürmer zum Beispiel, die so heißen, weil sie bei Regen ans Tageslicht kom-men. Und wenn es nicht regnet? Dann hilft „Bauer Jan" mit der Schaufel nach. Regenwürmer lockern und düngen den Boden, ein Lebensraum, der oft vernachlässigt wird, sagt Wreesmann.

Nun zum Apfel. Wreesmann demonstriert, wie man ihn erntet: Man hebe ihn an und drehe sanft – lässt er sich leicht lösen, ist er reif. Jedes Kind bekommt einen kleinen Stoffbeutel und darf ihn mit Äpfeln füllen. Und die Erwachsenen? Die wollen zum Beispiel wissen, was es für Sorten gibt. Und in welche ein Allergiker ohne Bedenken beißen darf. Oft kommt auch die Frage, wie man einen Apfelbaum schneidet. Dazu bietet Wreesmann im Februar Kurse an. Im Mai lautet das Thema dann: Apfelblüte. Übrigens: Das erste Obst, das Wreesman geerntet hat, waren Aroniabeeren. Er betreibt eine der wenigen Anlagen in der Region. Das Gros der Beeren wird zu Saft gepresst. Ein Saft, der auch einer der Käsesorten, die Ehefrau Anne herstellt, einen ganz besonderen Geschmack verleiht. Obst, Saft, Käse und anderes kann man im Hofladen kaufen.

Da steckt Leben drin

Käse vom Feinsten

Lage: Das Gut Altenoythe liegt, umgeben von Wald, Wiesen und Feldern am Rande von Altenoythe, einem Teil der Stadt Friesoythe, etwa 30 Kilometer nordwestlich von Cloppenburg.

Adresse: Vitusstraße 9, 26169 Friesoythe

Aktivitäten:
- St. Vitus-Kirche: Eine der ältesten Kirchen im Oldenburger Münsterland, nur wenige Fußminuten vom Gut Altenoythe entfernt. Die schlichte Saalkirche wurde aus Feldsteinen erbaut und später mit Backsteinen erweitert. Spätgotische Gewölbemalereien.

Website: *gutaltenoythe.de*

10 Honig-Hof Göken

DAS ÄLTESTE HONIGHAUS DEUTSCHLANDS

Es ist leicht zu übersehen: das Schild, das den Weg zu „Honig Göken" weist. Wer ihm folgt, landet in einem kleinen Laden. In den Regalen: Honig von Imkern aus der Region, vor allem aber aus anderen europäischen Ländern. Zum Beispiel Waldhonig aus Spanien, „von Laub- und Nadelbäumen, kräftig herbes Aroma". Oder, viel milder, der Lavendelhonig aus Frankreich, genauer: aus der Provence. In Deutschland wird vor allem Rapshonig geerntet, sagt Johannes Göken, der Senior-Chef. Und Heidehonig, „sehr kräftig, mit gallertartiger Konsistenz – für mich der beste Honig, den es gibt".

Wohl fast jeder Reisende hat ihn schon mal gesehen und benutzt: den Honigspender am Frühstücksbuffet im Hotel. Einmal den Hebel herunterdrücken, und schon hat man die gewünschte Menge Honig, Marmelade oder Nuss-Nougat-Creme im Schälchen. Erfunden wurde dieses erfolgreiche Produkt auf einem Hof in Thule.

Spannender noch ist die Geschichte hinter dem Laden. Die beginnt 1806, dem Jahr, in dem der Hof gegründet wurde. Damals herrschte Napoleon in fast ganz Europa. Die Franzosen führten zahlreiche Neuerungen ein. So durften abgehende Söhne von Bauern nun auch in der Gemarkung siedeln. Und als die Gemarkung aufgeteilt wurde, erhielten auch die Gökens ein Stück Land. Das allerdings war „schlechter Boden", sagt Johannes Göken. Also

mussten sich seine Vor-
fahren nach „Nebenein-
künften" umsehen. Einer
von ihnen beantragte 1812
bei den Franzosen einen
Passierschein. Darin steht
als Berufsbezeichnung:
„Cultivateur les Abeilles",
also Imker.

Als nach der Gründung
des Deutschen Reichs
ein Postversand möglich
wurde, bot der Großvater

Kleines Schild, große Auswahl

von Johannes Göken seinen Honig und auch den von anderen
Imkern aus der Umgebung per Annonce an und lieferte deutschlandweit per Post. Zu einem weiteren Meilenstein in der Hofge-
schichte wurde dann eine Erfindung von Johannes Göken senior:
der Spender. Den findet man heute in unzähligen Hotels in ganz
Europa und auch in Übersee. Die Geschichte des Hofes, der inzwischen von Johannes Göken junior geführt wird, geht also weiter.

Lage: Der Honig-Hof Göken liegt an der
B72, etwa sieben Kilometer südlich von
Friesoythe und knapp 20 Kilometer nord-
westlich von Cloppenburg.
Adresse: Thüler Straße 67,
26169 Friesoythe
Einkehr:
- Hotel Landhaus Pollmeyer: etwa zwei Kilometer vom
  Hof in Richtung Friesoythe entfernt und eine gute
  Adresse, wenn einem der Sinn nach Deftigem steht.
  Auch Übernachtungen sind möglich; Thüler Straße 44,
  26169 Friesoythe, *hotel-landhaus-pollmeyer.de*
Website: *honig-goeken.de*

EIN PARK, DREI WELTEN

Der Tier-
und Frei-
zeitpark Thüle
ist einer der Besu-
chermagneten im
Oldenburger Münster-
land. Das Interesse von
Kindern und Jugendli-
chen richtet sich vor allem
auf die Fahrgeschäfte im
Freizeitpark. Junge Wikin-
ger toben sich auch gern
im „Njordland" aus. Und
doch sollte man nicht auf
eine Runde durch den
Tierpark verzichten,
der nochmal ganz
andere Eindrücke
bereithält.

Für Eltern hat Alexandra Grothaus, die den Tier- und Freizeitpark Thüle zusammen mit ihrem Mann Christoph in dritter Generation führt, einen Tipp: Erst den Tierpark besuchen, dann vielleicht im „Njordland" die Ziegen füttern, und erst dann zu den Fahrgeschäften. Denn Bobbahn und Wellenrutsche finden auch ohne aufmunternde Worte ihre Nutzer. Ein Deal, den nur noch die Kinder mitmachen müssen. Wenn es klappt, verspricht Grothaus, selbst zweifache Mutter, „entspannte Momente". Denn der Tierpark ist zweifellos der ruhigste Bereich.

Das, was in den 1960er-Jahren mit ein paar Rehen, Wildschweinen, Hirschen, Pfauen und Fasanen begann, ist heute eine 17 Hektar große Anlage. Der Tierpark nimmt gut die Hälfte der Fläche ein. Unter altem Baumbestand können an die 200 Tierarten beobachtet werden, vom Alpaka bis zur Zwergziege. Knapp 50 Gehege mit rund 1000 Tieren sind es insgesamt, wobei es Grothaus nicht auf die Menge ankommt. „Mehr Platz für weniger Tiere" ist ihr Anspruch, möglichst artgerecht soll es zugehen.

Kronenkranich

Die Bereiche sind thematisch gestaltet. So wurde das Regenwaldhaus neu konzipiert, als Zuhause für Tiere aus den tropischen Regionen Südamerikas, Afrikas und Asiens. Durch Scheiben kann

Nandu

Roter Sichler

Blauer Baumsteiger

Weißhorngibbon

man einen Blick in die Schlafräume der Tiere werfen, wenn denn die Brille nicht wieder beschlägt – die Luftfeuchtigkeit ist hoch. Die Kattas, eine Lemurenart aus Madagaskar, lassen sich auch im Freigehege aus allernächster Nähe studieren. Die Tiere haben keine Berührungsängste und sitzen, wenn es nicht zu kalt ist, oft sogar beim Besucher auf dem Schoß. Kattas haben diesen „Niedlichkeitsfaktor", sagt Grothaus, genauso wie Erdmännchen, die sich in ihrem Gehege durch den hellen Sand buddeln, wobei stets einer von erhöhter Warte die Umgebung im Auge behält. Ein Pfiff, und alle sind in ihren Löchern.

Kattas und Erdmännchen sind Publikumslieblinge. Und natürlich auch die Raubtiere. Die beanspruchen besonders viel Platz. Das Gebrüll eines Löwen, nur wenige Meter entfernt, lässt Besucher schon mal zusammenzucken. Gerade der „Löwenmann", intern auch „Prinz Schlechte Laune" genannt, ist im Umgang nicht einfach: „Er macht den großen Pascha, wenn er abends rein soll, und lässt sich gerne bitten." Es ist übrigens „die hellere Variante", also ein Transvaal-Löwe.

Ein bisschen Stolz schwingt mit, wenn Grothaus erzählt, dass eine Affenart wie der Rotschultertamarin deutschlandweit nur in Thüle zu sehen ist. Und auch der Ussuri-Kragenbär begegnet den Besuchern außer in Thüle nur noch in Kappeln und Dessau. In Thüle bauen sie für diese gefährdete Bärenart ein Zuchtprogramm auf. Auch darauf sind sie stolz.

Löwin

Info

Lage: Der Tier- und Freizeitpark Thüle liegt etwa 18 Kilometer nordwestlich von Cloppenburg.

Adresse: Über dem Worberg 1, 26169 Friesoythe

Einkehr: Im Park gibt es für den kleinen Hunger Pommes, Bratwurst, Currywurst und Crêpes sowie kalte und heiße Getränke. An Feiertagen, Wochenenden und in den Ferien hat auch das „Safari-Restaurant" geöffnet.

Website: *tier-freizeitpark.de*

HINWEIS: Winterpause von Anfang November bis in den März hinein. Hunde sind willkommen. Ausweise für Kinder einpacken. Und Zeit mitbringen!

12 Kletterwald Nord

ADRENALIN PUR

Klettern? In der
norddeutschen Tief-
ebene? Kein Problem.
Auch hier gibt es Orte,
an denen man diesem
Hobby nach Herzenslust
frönen kann. Im Kletter-
wald Nord zum Beispiel.
Er liegt in einem Wald in
unmittelbarer Nähe zur
Thülsfelder Talsperre
und gehört zu den größ-
ten Anlagen dieser Art
in Deutschland.

Mit dem „Fliegenden Holländer" ...

30.000 Quadratmeter, 14 Parcours, rund 140 verschiedene Kletterelemente – das ist der Kletterwald Nord in nackten Zahlen. Bevor das kleine Abenteuer beginnt, sehen alle Kletterfans eine sechsminütige Video-Einweisung in das Sicherungssystem. Denn Sicherheit ist das A und O. Bei den Karabinerhaken gilt: Man hat immer zwei, wobei der eine erst aufgeht, wenn der andere geschlossen ist. Wenn dann noch Fragen sind: Die Mitarbeiter sind immer in der Nähe und behalten die Kletterer im Auge. Und sie wissen, was zu tun ist, wenn jemand Unterstützung braucht.

... quer über einen See

Klettern dürfen alle, die älter als sechs Jahre sind und weniger als 120 Kilo wiegen. Die zehn Parcours haben unterschiedliche Schwierigkeitsgrade. Die Nutzung hängt unter anderem vom Alter und von der Körpergröße ab. Den geringsten Schwierigkeitsgrad hat der „Spaß-Parcours", ein Vergnügen

Sichern ist das A und O

knapp über dem Erdboden und nur für Kids. Wer acht Jahre und älter ist, darf den „Fliegenden Holländer" nutzen, eine Seilbahn, mit der man über einen kleinen See schwebt. Hier hat sich schon so mancher Vater nasse Füße geholt, zur Freude seiner Kinder. Ganz Mutige nähern sich dem „Twister Parcours" (ab 13 Jahre), bei dem man in einer Höhe von bis zu 15 Metern unterwegs ist. Und auch bei dem Parcours „Wagnis" darf man davon ausgehen, dass der Schweiß perlt, aus welchen Gründen auch immer. „Hier kann man lernen, Ängste zu überwinden und selbstbewusster und selbstständiger zu werden", heißt es auf der Internetseite.

Lage: Der Kletterwald Nord liegt an der Nordseite der Thülsfelder Talsperre. Cloppenburg liegt gut 15 Kilometer südöstlich.

Adresse: Am Stau, 26169 Thülsfelde

Website: *kletterwald-nord.de*

HINWEIS: Die Bekleidung sollte der Witterung angepasst sein, festes Schuhwerk und lange Hose sind Pflicht. Kletterzeit inklusive Einweisung: drei Stunden.

Info

13 Thülsfelder Talsperre

EIN HAUCH VON SCHWEDEN

Wenn es um die Thülsfelder Talsperre geht, darf man ruhig mal die Superlative bemühen. Denn sie war die erste Talsperre in Niedersachsen, noch vor all den anderen im Harz, und sie war zugleich das erste Naturschutzgebiet im Oldenburger Land, mitsamt Umgebung, versteht sich. Und die entdeckt man am besten zu Fuß.

Am Anfang war der Naturschutz bestenfalls Nebensache. Als man vor rund 100 Jahren begann, über den Bau einer Talsperre nachzudenken, ging es vorrangig um den Schutz vor Hochwasser. Zu oft hatten sich die Landwirte im Raum Friesoythe darüber geärgert, dass die Soeste bei starkem Regen oder Schneeschmelze das Wasser nicht abführen konnte. Das Flussbett war einfach zu schmal. 1923 gab der Oldenburger Landtag grünes Licht für den Bau der Talsperre. 1927 war sie fertig. Und schon 1938 wurde das Gebiet rund um den neuen Stausee unter Schutz gestellt.

Wer das älteste Naturschutzgebiet im Oldenburger Land näher kennenlernen möchte, hat im Grunde zwei Möglichkeiten. Entweder man umrundet eigenständig die Talsperre auf einem rund zehn Kilometer langen Weg, dem sogenannten „Erlebnispfad", an dessen 14 Stationen man so ziemlich alles erfährt, was man über die Talsperre und ihre Umgebung wissen sollte. Oder aber man macht die Runde mit Roswitha Krause, einer Gästeführerin, die unumwunden einräumt, dass der lange Damm auf

Heide-Spaziergang

der Ostseite eher unspektakulär daherkommt. Das mögen Ornithologen vielleicht noch anders sehen, weil sie hier je nach Jahreszeit Singschwäne, Graureiher, Kormorane, Haubentaucher und rund 200 weitere Vogelarten beobachten können, von denen etwa die Hälfte hier auch brütet. Ansonsten allerdings präsentiert sich die Natur an anderer Stelle deutlich abwechslungsreicher, etwas weiter südlich zum Beispiel – dort grenzt die Talsperre unmittel-

bar an die sandige Geest mit ihrem „mageren" Boden, in dem die Wurzeln der Bäume kaum Halt finden. Mehrere umgestürzte Riesen erinnern an die Stürme vergangener Winter. Im Frühjahr zaubern Birkengrun und Malglöckchen hier ein Landschaftsidyll, in das nur die acht dicken Betonpfeiler auf einer kleinen Anhöhe nicht recht passen wollen – keine Flakstellung, wie viele meinen, sondern Standort eines riesigen Scheinwerfers, mit dem Soldaten zu Beginn des Zweiten Weltkriegs den Himmel nach Kampffliegern absuchten.

Still ruht die Talsperre

Über eine Brücke gelangen wir vom Ost- auf das Westufer der Talsperre. Ein naturbelassener Pfad führt geradewegs hinein in die größte Heidefläche Nordwestdeutschlands. Im April und Mai sorgt hier der Gagelstrauch für eine „wunderbare Kupferfarbe", sagt Krause, dann platzen die Blütenstände, auch Kätzchen genannt, auf. Unsere Vorfahren nutzten den Gagel, um Motten fernzuhalten, auch wurde er im Mittelalter zum Würzen des Bieres gebraucht. Im Gegensatz zum beruhigenden Hopfen wirkte das mit Gagelstrauch gebraute Grutbier „etwas belebender".

Weiße Gehörnte Heidschnucke

Über eine weitere Brücke erreichen wir einen Schafstall inmitten ausgedehnter Heideflächen. Schafe und Ziegen halten hier die Heide kurz. Und weil bei größeren Birken und Kiefern der Mensch nachhilft, blüht im August und September die Besenheide, eine Freude für jeden Wanderer. Naturschützer wiederum registrieren, dass sich die Thülsfelder Talsperre zu einem wertvollen Lebensraum für viele zum Teil bedrohte Tier- und Pflanzenarten entwickelt hat. So wurden allein über 30 verschiedene Libellenarten gesichtet, darunter auch die in hiesigen Breiten eher seltene Winterlibelle. Und an die hat beim Bau der Talsperre garantiert noch kein Mensch gedacht.

Lage: Die Thülsfelder Talsperre liegt etwa 15 Kilometer nordwestlich von Cloppenburg.

Adresse: Es gibt mehrere Startpunkte: über die B72, dann Abfahrt Thülsfelder Talsperre-Nord, Mitte oder Süd.

Aktivitäten:
- Heideerlebnis: Der Weg in die Heide ist am kürzesten über den Wanderparkplatz Süd.
- Führungen: Wer die Natur rund um die Thülsfelder Talsperre bei einer Gästeführung kennenlernen möchte, wendet sich an den Verein Erholungsgebiet Thülsfelder Talsperre.

Übernachten: Mit dem „Hotel Seeblick" im Norden und dem „Hotel Heidegrund" im Süden gibt es gleich zwei Vier-Sterne-Häuser in unmittelbarer Nähe der Talsperre.
- Hotel Seeblick: Seeblickstraße 3, 26169 Friesoythe, *hotel-seeblick-goeken.de*
- Hotel Heidegrund: Drei-Brücken-Weg 10, 49681 Garrel, *heidegrund.de*

Website: *thuelsfelder-talsperre.de*

GOLFEN FÜR JEDERMANN

Normalerweise darf man erst auf einen Golfplatz, wenn man die Platzreife besitzt. Im Golfpark Thülsfelder Talsperre darf spielen, wer Lust hat. Denn die Anlage hat nicht nur einen Meisterschaftsplatz mit 18 Löchern, sondern auch einen Platz mit neun Löchern – extra für Anfänger.

Die Gesundheit ist das eine. „Man ist bei jedem Wind und Wetter draußen", sagt Frank Vallo, Spielführer im Golfclub Thülsfelder Talsperre. Geduld ist das andere. Am Anfang heißt es: Schläger leihen, Bälle am Automaten ziehen und dann – üben, üben, üben. Und zwar zunächst die richtige Abschlagtechnik auf der „Driving Range". Leichter gesagt als getan. Ob Schläger, Stand oder Schwung, nichts ist zufällig, alles will gelernt sein. „Golfsport macht demütig", sagt Vallo. Es dauerst allerdings nicht lange, und erste Erfolgserlebnisse stellen sich ein. „Ein Glücksschlag ist meistens dabei", versichert Vallo. Dann landet der Ball vielleicht sogar jenseits der 100-Meter Marke.

Spielführer Frank Vallo

Die zweite Station: ein Übungsgrün speziell für das „Putten", also das Einlochen. Auch dafür gibt es selbstverständlich einen besonderen Schläger, pardon: ein besonderes Eisen. Und auch hier dauert es nicht lange, und man denkt: Ja, doch, so könnte es gehen. Also weiter zu Loch 1 auf dem „9-Loch-Platz für jedermann". In weiter Ferne eine Fahne. Exakt 84 Meter sind es vom Abschlag bis

Auf der „Driving Range"

zu dieser Fahne, steht auf einem Schild. Und darunter „Par 3", soll heißen: Nach drei Schlägen sollte der Ball im Loch sein. Schöne Theorie. Noch. Bei anderen Löchern dürfen es auch vier Schläge sein, weil ein Teich oder eine Sandfläche („Bunker") die Angelegenheit erschweren. Oder weil über 200 Meter zwischen Abschlag und Loch liegen. Egal. Man nimmt sich die Zeit, die man braucht, anders als auf dem großen Platz mit seinen 18 Löchern. Dort gehen die Spieler alle zehn Minuten an den Start. Aber die haben ja auch die „Platzreife". Übrigens: Hier wie dort wünschen sich Golfer vor dem ersten Schlag „Ein schönes Spiel". Und am Ende gibt man sich die Hand und bedankt sich für die gemeinsame Runde. So viel zum Thema Etikette.

Klappt's mit einem Schlag?

Kaffee und Kuchen für alle

Anfahrt: Der Golfplatz liegt südlich der Thülsfelder Talsperre an der B72, circa acht Kilometer nördlich von Cloppenburg.

Info

Adresse: Mühlenweg 9, 49696 Molbergen

Aktivitäten:

- Golfschule: Golflehrer Michael Behrens bietet Schnupperkurse, aber auch solche zur Erlangung der Platzreife. In Gruppen und einzeln.
- Fußballgolf: Seit 2024 neu im Angebot.

Einkehr:

- Chip-Inn: In der Club-Gastronomie gibt es für Golfer und andere Gäste im Sommer Torten, im Winter heiße Waffeln und zu allen Jahreszeiten hausgebackenen Kuchen. *gc-thuelsfelde.de/club-gastro.html*

Website: *gc-thuelsfelde.de*

15 Molberger Dose

EINE RUNDE AUF DEM DAUSENMOORPAD

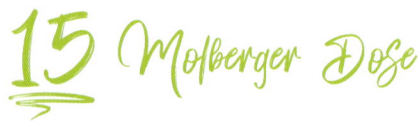

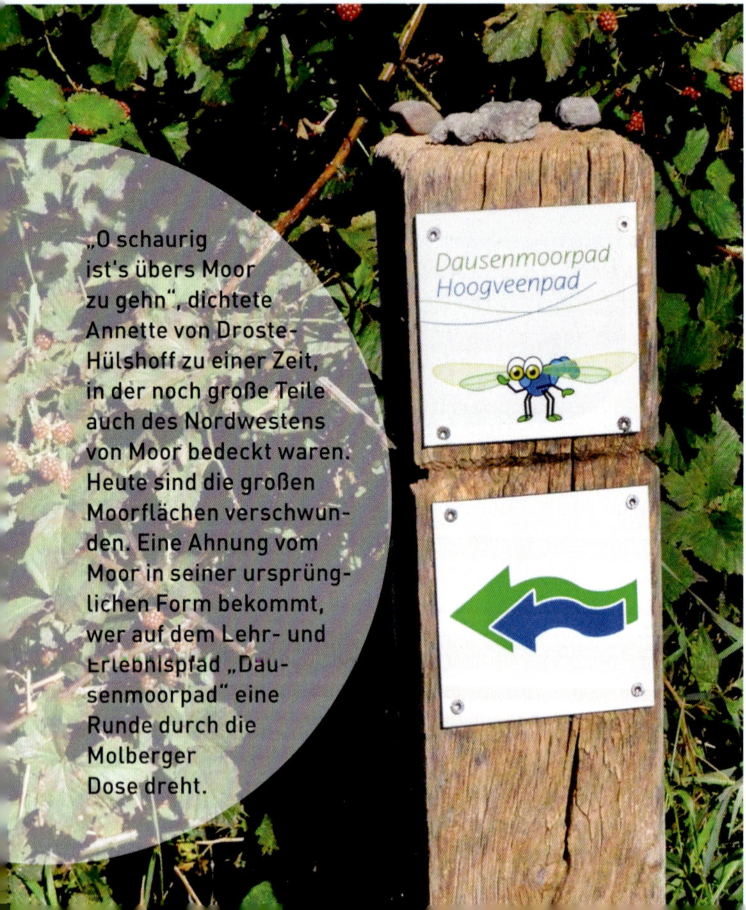

„O schaurig ist's übers Moor zu gehn“, dichtete Annette von Droste-Hülshoff zu einer Zeit, in der noch große Teile auch des Nordwestens von Moor bedeckt waren. Heute sind die großen Moorflächen verschwunden. Eine Ahnung vom Moor in seiner ursprünglichen Form bekommt, wer auf dem Lehr- und Erlebnispfad „Dausenmoorpad“ eine Runde durch die Molberger Dose dreht.

Die Natur bahnt sich ihren Weg

Für den drei Kilometer langen Rundweg braucht man ein bis zwei Stunden Zeit und festes Schuhwerk. Dabei sollte, wer am Leben hängt, tunlichst auf dem ausgeschilderten Pfad bleiben, der sich teils leicht erhöht durch das Moor schlängelt. Birkenstümpfe ragen aus dem Wasser, Libellen lassen sich am Wegesrand nieder, an einigen Stellen federt der Boden bei jedem Schritt. Im Frühsommer zeigen sich die Wollgräser von ihrer besten Seite, dann wiegen sich die Wattebäusche im Wind. Der dekorative Fruchtstand – oft irrtümlich als Wollgrasblüte bezeichnet – bildet mancherorts einen richtigen Teppich. Dazu genießt der Wanderer etwas sehr Seltenes: Stille.

Symboltier Libelle

Etwas mehr Zeit sollte einplanen, wer all die Informationen aufnehmen will, die quasi am Wegesrand bereitgehalten werden. Das beginnt bereits mit den Tafeln,

die beim Start am Parkplatz über die Entwicklung der Molberger Dose informieren. So sieht man auf der ältesten Darstellung, der Le Coq'schen Landesaufnahme von 1805, das noch unberührte Moorgebiet in seiner größten Ausdehnung. Im Laufe des 19. Jahrhunderts wurde das Moor dann zunehmend über Gräben entwässert. Bauern stachen den Torf per Hand – Brennholz war in der Cloppenburger Geest knapp und Kohle zu teuer. Im 20. Jahrhundert wurde der Torf immer stärker industriell abgebaut. Seit Ende 1988 ist das gut 600 Hektar große Moorgebiet unter Schutz

Wo viel Wasser ist, sterben die Birken

gestellt. Seither werden die Flächen renaturiert. Besonders gut lässt sich solch eine wiedervernässte Fläche – einst ein industrieller Torfstich – von einer erhöhten Plattform auf halber Strecke erkennen.

Insgesamt 15 Info-Stationen vermitteln Wissenswertes über die Entstehung und Kultivierung des Moores, über Flora und Fauna und über das Leben der Moorbauern früher. Kinder haben vermutlich ihre Freude am „Moorbewohner-Domino", bei dem es

Immer schön auf dem Pad bleiben

darum geht, auf vergrößerten Fotoausschnitten tierische Moorbewohner zu erkennen, die Libelle etwa, die Waldeidechse oder den bläulich schimmernden Moorfrosch. Erwachsene wiederum sind beim „Torf-Quiz" gefordert, wenn beispielsweise gefragt wird, wie viele Torfsoden ein erfahrener Torfstecher am Tag produziert oder wie viel Kohlenstoffdioxid in einer einzigen Sode gespeichert wird. Moore gehören weltweit zu den größten Kohlenstoffspeichern, spielen also eine wichtige Rolle auch beim Klimaschutz.

Am Ende des Rundgangs weiß man dann auch, warum es überhaupt Dose oder Dause heißt: Es ist ein altes Wort für Hochmoor. Dieses Hochmoor hat sich zwischen Molbergen, Peheim und Lindern in einer Senke gebildet. Nur eine Moorleiche wurde hier nie gefunden. Für den kleinen Gruseleffekt sorgt nur ein Foto der vielleicht bekanntesten Moorleiche überhaupt. Es zeigt den Mann von Tollund, der 1950 von Torfstechern in Dänemark gefunden wurde – die Haut schwarz, die Haare rot und auch sonst alles bestens erhalten, dank der konservierenden Wirkung des Moores.

Lage: Der „Dausenmoorpad" liegt am Rande des Naturschutzgebietes Molberger Dose und ist über die Landesstraße 836 (Peheimer Straße) gut erreichbar. Der Wanderparkplatz liegt am Ende der Falkenfelder Straße und ist ausgeschildert. Cloppenburg liegt etwa 13 Kilometer östlich.

Aktivitäten:
- Der Verein Erholungsgebiet Thülsfelder Talsperre bietet ganzjährig Gruppenführungen unter anderem für Kinder (ab sechs Jahre) sowie eine „Poetische Wanderung durch das Hochmoor Molberger Dose" an. *thuelsfelder-talsperre.de*

Website: *https://www.molbergen.de/freizeit-tourismus/ausflugziele/dausenmoorpad/*

16 Museumsdorf Cloppenburg

KULTURELLER LEUCHTTURM DER REGION

Wenn man eintauchen möchte in das Alltagsleben der Menschen auf dem Lande anno dazumal, dann gibt es dafür kaum einen besseren Ort als das Museumsdorf Cloppenburg. Es ist eines der ältesten Freilichtmuseen in Deutschland und das größte in Niedersachsen. Mit rund 60 Gebäuden ist es tatsächlich ein kleines Dorf.

Statussymbol Misthaufen

Beginnen wir unseren Rundgang bei der „Münchhausen-Scheune". Sie wurde von einem weitläufigen Verwandten des berühmten Lügenbarons errichtet, der in dieser Scheune den Zehnten einlagerte, also die Steuern, die Bauern in Form von Naturalien an ihn entrichten mussten. Nicht minder repräsentativ ist der Giebel der Hofanlage Wehlburg, die wir gleich danach ansteuern. Am Giebel und auch an der Größe des Misthaufens konnte man erkennen, wie reich der Bauer war, erzählt eine Museumsmitarbeiterin. „Der reichste Bauer hatte den größten Misthaufen, weil er das meiste Vieh hatte." Neben großen Hofanlagen wie Wehlburg oder Quatmannshof gibt es im Schatten dreier Windmühlen aber auch die Wohn- und Arbeitsstätten der Heuerleute und Handwerker. Und speziell die der Handwerker füllen sich auch immer wieder mit Leben. So gibt es zum Beispiel Töpfer-, Spinn- und Flechtkurse.

Hofanlage Wehlburg

Werkstatt mit Schmiede

Spannend für Kinder sind vor allem die Mitmachangebote am „Dorf-Sonntag". Dann können sie unter anderem Brot backen, töpfern und einen Unterricht in einer alten Dorfschule besuchen. Der Bau aus dem Jahre 1751 hat nur ein Klassenzimmer, auf 24 Quadratmeter drängelten sich früher bis zu 60 Kinder. Die mit den dreckigen Fingernägeln müssen auch heute noch auf die „Lümmelbank" ganz vorn, spaßeshalber natürlich. Es ist durchaus möglich, dass sich Kinder nach dem Besuch der historischen Unterrichtsstunde ein bisschen mehr auf ihre eigene Schule freuen. Jedenfalls sind ihnen die Unterschiede geläufig. Nebenbei verfügen sie über Grundkenntnisse in deutscher Kurrentschrift. Und ein Zeugnis gibt es selbstverständlich auch.

„Das Blaue Wunder" ist der Titel eines weiteren Mitmachangebots, bei dem Kinder die Theorie und Praxis des Blaufärbens kennenlernen. Erst darf sich jedes Kind ein paar Druckschablonen aussuchen, Model genannt. Die werden in einen dicken grünen Brei getaucht, der Papp heißt, weil er pappt, also klebt. Dann drückt man die Model mit dem Papp ganz fest auf den Stoff und trommelt vielleicht sogar noch mit den Fäusten darauf – Hauptsache, der Papp verteilt sich gut. Dort, wo Papp hinkommt, wird es später, nach dem Färbebad, weiß, so wie die Farbe des Stoffes – der sogenannte Reservedruck. Der Rest ist blau. Und am Ende darf jedes Kind seine eigene Tasche mit nach Hause nehmen.

Model für Blaudruck

Und die Eltern? Die machen entweder mit, setzen sich in die Sonne oder drehen noch eine Runde, zum Beispiel durch einen der Bauerngärten.

Oder aber sie frischen in der Landdiskothek „Zum Sonnenstein" Jugenderinnerungen auf. Die Musik wechselt in flotter Folge, bei fast allen Liedern kann man mitsingen oder doch wenigstens mitsummen, die Discokugel dreht sich und auch sonst ist fast alles wie früher, als der „Stein" noch in Harpstedt stand. Dort wurde er komplett ab- und im Museumsdorf Cloppenburg wieder aufgebaut. Auf Knopfdruck hört man hier jetzt die Stimmen fiktiver Besucher: „Der DJ hat es echt drauf", lobt der eine, „voll die Dorfdisse, nur Landeier hier", mäkelt die andere. Die Diskothek ist nur ein Beispiel dafür, dass sich das Museumsdorf verstärkt auch der jüngeren Vergangenheit zuwendet.

In der Dorfdisko

Lage: Das Museumsdorf liegt mitten in Cloppenburg.

Info

Adresse: Bether Straße 6, 49661 Cloppenburg

Aktivitäten:
- Der Klassiker am Himmelfahrtswochenende ist die „Dorfpartie", ein Muss für alle Gartenfreunde.
- Kirmes-Nostalgiker halten sich zwei Wochenenden im Juli frei – dann wird bei der „historischen Dorfkirmes" die Uhr zurückgedreht.
- Im Oktober folgt das Erntefest „Mahlzeit".
- Höhepunkt in der Adventszeit ist der Nikolausmarkt.
- Veranstaltungen am „Dorf-Sonntag"

Einkehr:
- Dorfkrug: Liegt mitten im Museumsdorf. Hier gibt es unter anderem hausgebackenen Kuchen, Suppen und herzhafte Gerichte. *dorfkrugimmuseumsdorf.de*

Website: *museumsdorf.de*

17 *Stadtgarten Blum*

GRÜNE OASE VOLLER KUNST

Gärten im Oldenburger Münsterland sind oft groß, manche sogar mehrere zehntausend Quadratmeter. Platz ist ja vorhanden. Es sei denn, man lebt in der Stadt. So wie Rainer und Lilli Blum. Sie haben in Cloppenburg einen „individuellen Stadtgarten" geschaffen, in dem zugleich zahlreiche Kunstobjekte zu sehen sind.

Das Blum'sche Gartenreich ...

In anderer Leute Garten zu schauen, ist normalerweise nicht die feine Art. Rainer und Lilli Blum in Cloppenburg dagegen freuen sich über neugierige Zeitgenossen, wenn sie sich denn vorher anmelden. Bei den Blums kann man sehen, was man aus einem kleinen Stadtgarten so alles machen kann. Auf 700 Quadratmetern haben sie allein neun verschiedene Terrassen angelegt. Nur ein kleiner Bereich des Grundstückes ist zur Sonnenseite gelegen, in dem überwiegenden Teil herrscht ein lebhaftes Wechselspiel zwischen Licht und Schatten. Mittendrin ein Hochbeet. Und „Lillis Kartoffelacker". Außerdem, ungewöhnlich genug für unsere Gefilde, ein Bambushof. Die riesigen Pflanzen sind sieben, acht Meter hoch und rufen immer wieder überraschte Reaktionen hervor: „Wie kann das angehen, sowas

... mit Blütenpracht ...

... und Schnitzkunst ...

Im Bambushof

hier in Norddeutschland – tja, geht alles, wächst wie wild, muss man mit umgehen können." Rainer Blum kann, räumt aber ein, dass der Bambus schwer zu bändigen ist.

Am besten macht man zwei Runden durch den Garten, weil man bei der ersten garantiert noch nicht jedes Bonsai-Bäumchen und schon gar nicht jedes Kunstobjekt entdeckt. Mit dem Garten ist seit 1986 eine „Natur-Galerie" gewachsen. Die überwiegend aus Holz gefertigten Skulpturen, Stelen und skurrilen Möbel verteilen sich in dem üppigen Grün. Da ist zum Beispiel eine Libelle aus Holz, aus einem Stück gesägt. Oder ein „Oldenburger Münsterland-Thron", gefertigt aus dem Stamm einer 80 Jahre alten Douglasie. Die verlängerte Rückenlehne erinnert an die Bremer Stadtmusikanten, man erkennt Schwein, Pute, Ente und Hahn. „Und wenn man sich setzt, ist der Esel auch mit dabei", sagt Blum selbstironisch.

Entdeckt jeden Tag Neues: Rainer Blum

Bremer Stadtmusikanten mal anders

Lage: Der Stadtgarten Blum liegt im Süden der Cloppenburger Innenstadt.

Adresse: Landwehr 32, 49661 Cloppenburg

Info

Aktivitäten:

- Tag der offenen Gartenpforte: Auch wenn Rainer und Lilli Blum nicht dabei sein sollten – am zweiten Sonntag im Juni können Dutzende von Gärten in den Erholungsgebieten Dammer Berge und Thülsfelder Talsperre sowie in der Ausflugsregion Nordkreis Vechta ohne Anmeldung besichtigt werden.

Website: *visitentouren.de/gärten/thülsfelder-talsperre* (hier unter Cloppenburg)

HINWEIS: Vorher Termin ausmachen!

18 Baumweg

DER URWALD VOR DER HAUSTÜR

Bei dem Wort Urwald denken die meisten von uns erst einmal nicht an das Oldenburger Land. Dabei gibt es auch hier Waldgebiete, die sich so nennen dürfen: der Urwald Baumweg zum Beispiel, bei dem oft auch von einem Krattwald die Rede ist. Kratt oder „krat" kommt aus dem Dänischen und bedeutet so viel wie „Wald mit kleinen, verschlungen verwachsenen Bäumen".

Knorrige alte Eichen

Unsere Runde durch den Urwald Baumweg beginnt beim Park-platz an der B213, und viel kürzer kann der Weg in einen Olden-burgischen Urwald auch nicht sein. Schon nach wenigen Metern tauchen zu unserer Linken Bäume auf, die krumm und schief dem Himmel entgegenstreben, „wie im Märchen", sagt Wibeke Schmidt, Försterin und Pressesprecherin von den Niedersäch-sischen Landesforsten. Es sind Hainbuchen, vor allem aber Eichen, deren Alter Schmidt auf 250 Jahre schätzt. Die Hainbuchen wur-den zum Teil beschnitten oder „geschneitelt", wie Schmidt es nennt, um das Laubreisig als Futter nutzen zu können. Bei den Eichen dienten wiederum die Eicheln als Nahrung. Denn der Baumweg ist ein ehemaliger Hute-wald. Bauern aus Halen und Höltinghausen weideten hier ihr Vieh und stachen Plaggen. Die Eicheln mästeten lange Zeit auch die Schweine des Fürstbischofs von Münster.

Stamm einer Hainbuche

Zartes Buchengrün

Um das Jahr 1900 herum wurde der Baumweg „aus der Nutzung genommen", sprich: sich selbst überlassen. 1938 wurde er zum Naturschutzgebiet erklärt.

Im Urwald Baumweg wird deutlich, wie sich norddeutsche Naturwälder generell verändern, sagt Schmidt. „Die Eiche braucht viel Licht, um sich zu verjüngen. Das hatte sie im Hutewald. Überlässt man dieses System sich selbst, dann setzt sich die Buche durch, denn die kann sich im Schatten verjüngen." Die Buche wird auch unter dem geschlossenen Blätterdach der Eiche groß. Das kann die lichtbedürftige Eiche nicht. „Die Buche hat also einen klaren Wettbewerbsvorteil, sie macht das Rennen." Mit anderen Worten: Überlässt man die alten Hutewälder der Natur, dann verschwinden sie. Wobei sich die Försterin darüber nicht grämt, denn es wächst auf jeden Fall etwas nach. Grundsätzlich gilt: „Der Wald braucht uns nicht. Aber wir brauchen den Wald."

Der Urwald Baumweg ist nur ein kleiner Teil eines deutlich größeren, gleichnamigen Waldreviers. Er ist 28 Hektar groß und steht

Totholz voller Leben

unter Naturschutz, darf also abseits der Wege nicht betreten werden, auch weil die Gefahr, dass ein Ast herunterfällt oder ein Baum umstürzt, hier deutlich größer ist als in anderen Wäldern. Tatsächlich liegen auf dem Boden viele tote Bäume und Äste. „Dieses Totholz steckt voller Leben", sagt Schmidt. Das zersetzende Holz „füllt die Nährstoffspeicher des Bodens auf", auch finden Insekten ein Zuhause und „sind Futter für Spechte". Der Kleiber, der ebenfalls in Baumhöhlen brütet, ist eine Art „Nachmieter vom Specht". Dazu kommen die „klassischen Vogelarten des strukturreichen Laubmischwaldes", zum Beispiel Amsel, Drossel, Fink und Star, wie wir sie dank Hoffmann von Fallersleben aus einem der bekanntesten deutschen Kinderlieder kennen. „Wenn Sie ein Vogelkonzert hören wollen, müssen Sie hier im Frühjahr morgens um sechs Uhr stehen." Denn dann finden sich die Pärchen, dann finden die Vogelhochzeiten statt.

Lage: An der B213 zwischen Ahlhorn und Cloppenburg, das etwa sieben Kilometer südwestlich liegt.

Info

Aktivitäten:

- Eine Waldpädagogin erläutert bei einer Führung im Frühjahr die Vielfalt der Wildkräuter. Im Herbst heißt es dann: „Ab in die Pilze", wobei keine Pilze gesucht werden – es handelt sich vielmehr um eine „Erkundungstour in das Reich der Pilze". Diese und weitere Führungen werden angeboten vom Verein Erholungsgebiet Thülsfelder Talsperre. Näheres unter: *thuelsfelder-talsperre.de*

Website: *landesforsten.de/erleben/unsere-naturtalente/ teichwirtschaft-ahlhorn/erholung/urwald-baumweg*

HINWEIS: Am Rande des kostenlosen Parkplatzes „Urwald Baumweg" informiert eine Tafel über die nähere Umgebung inklusive Ahlhorner Fischteiche.

19 · Kalkhoff

VOM FAHRRADREIFEN ZUM E-BIKE

Im Frühjahr 2022 hat die Firma Kalkhoff in Emstek bei Cloppenburg ein neues Werk eröffnet, eines der modernsten in Europa. Die E-Bikes, die hier produziert werden, kann man sich vor Ort ansehen und gleich testen. Wer sich anmeldet und ein bisschen Zeit mitbringt, darf auch einen Blick hinter die Kulissen werfen.

Moritz Schramm empfängt uns: Willkommen in der „Brand World", der „Markenwelt" von Kalkhoff. Schramm ist Produktberater, kennt alle Radmodelle im 600 Quadratmeter großen „Showroom" aus dem Effeff. Und er bedient den „3D-Body-Scanner". Es geht um Marketing, man ahnt es gleich, wobei so ein

„3D-Body-Scanner" durchaus eine praktische Sache ist. Denn damit kann sich der Besucher vermessen lassen. Er stellt sich einfach in die Mitte von vier Säulen und lässt sich scannen. Sekunden später erscheinen die Umrisse seines Körpers und lauter Linien auf einem Bildschirm, zum Beispiel die zwischen Sattel und Lenker. Schramm interessiert sich vor allem für die „Beckenkammhöhe", denn von der hängt ab, wie

Moritz Schramm berät

hoch der Sattel eingestellt werden muss. Anschließend hockt sich der Besucher auf eine Art elektrischen Stuhl. Auf dem steht „Popometrik" – vermessen wird der Abstand der Sitzbeinhöcker. Auch hier reicht ein Blick auf den Bildschirm, und Schramm weiß, wie breit der Sattel sein muss. Nun heißt es: „Helm auf" für die Probefahrt. Über 60 Räder stehen bereit. Zwei Teststrecken gibt es, insgesamt 1750 Meter lang, inklusive kleinem Hügel und

„ABS-Teststrecke", denn die Premium-Modelle von Kalkhoff sind mit einem Antiblockiersystem ausgestattet.

Wer sich vorher anmeldet, kann sich ansehen, wo und wie diese Fahrräder gebaut werden. Vor der Runde durch das Werk tauchen die Gruppen ein

ABS-TEST-STRECKE

Kettenstreben

in die Geschichte von Kalkhoff. Alles begann 1919. Heinrich Kalkhoff war Postbote und viel mit dem Rad unterwegs. Nach einer Panne erkannte er den Bedarf an Ersatzteilen. Erst bestellte er Reifen, dann weitere Fahrradteile, dann begann er, im elterlichen Schuppen ganze Räder zusammenzubauen. Über Anzeigen sicherte er sich einen immer größeren Kundenkreis. Im Zweiten Weltkrieg produzierte Kalkhoff Rüstungsgüter, nach dem Krieg landwirtschaftliche Maschinen, zum Beispiel Futterdämpfer, die auch als Schnapsbrenner gute Dienste geleistet haben sollen. Und ab 1953 wieder Fahrräder und daneben Mofas und Mopeds, Klappräder und Gokarts, Rudermaschinen und Heimtrainer. Kalkhoff stieg auf

Produktionshalle mit Endmontage

zum größten Fahrradhersteller in Europa, auch dank zahlreicher Werbeaktivitäten, für die die Firma unter anderem die Model-Ikone Uschi Obermaier gewinnen konnte. Allerdings blieben Rückschläge nicht aus. 1988 ging die Firma an die Derby Cycle Holding, die wiederum 2012 von der niederländischen Pon-Holding übernommen wurde.

2007 verließ das erste E-Bike das Werk. Inzwischen sind es rund 100.000 im Jahr. Bei einer Werksführung erfährt man, dass so ein E-Bike im Schnitt aus 1600 Teilen besteht, die nach und nach zusammen-

Sattelhöhe? Passt!

gesetzt werden. Vormontage, Laufrad-Fertigung, Lackierung, Endmontage – an diesen vier Arbeitsbereichen hat sich in all den Jahren wenig geändert. Die Endmontage gilt als „Herzstück der Produktion", hier werden die vorgefertigten Einzelteile – vom Rahmen über Lenker, Federgabel und Schutzblech bis hin zum Gepäckträger – zusammengebaut. Am Ende nehmen zwei Fahrradmechatroniker, die „Checker", das neue Rad noch einmal ganz genau unter die Lupe. Dann erst verlässt es das Werk.

Info

Lage: Das Werk befindet sich am Rande des Ecoparks in Emstek, etwa zwölf Kilometer östlich von Cloppenburg.

Adresse: Europa-Allee 26, 49685 Emstek

Übernachten: Wer nach dem Fahrrad ein Tiny-House testen möchte, kann dies ganz in der Nähe auf dem Ferienhof Werner in Drantum. Es sind winterfeste Mini-Häuser mit Eichenparkett, komplett eingerichteter Küche, Kamin und Internetanschluss. Und mit einer Iglu-Sauna gleich nebenan; Herzog-Erich-Weg 4, 49685 Drantum, *ferienhof-werner.de*

Website: *kalkhoff-bikes.com*

Erholungsgebiet Hasetal

Die Hase bei Löningen

Erholungsgebiet Hasetal

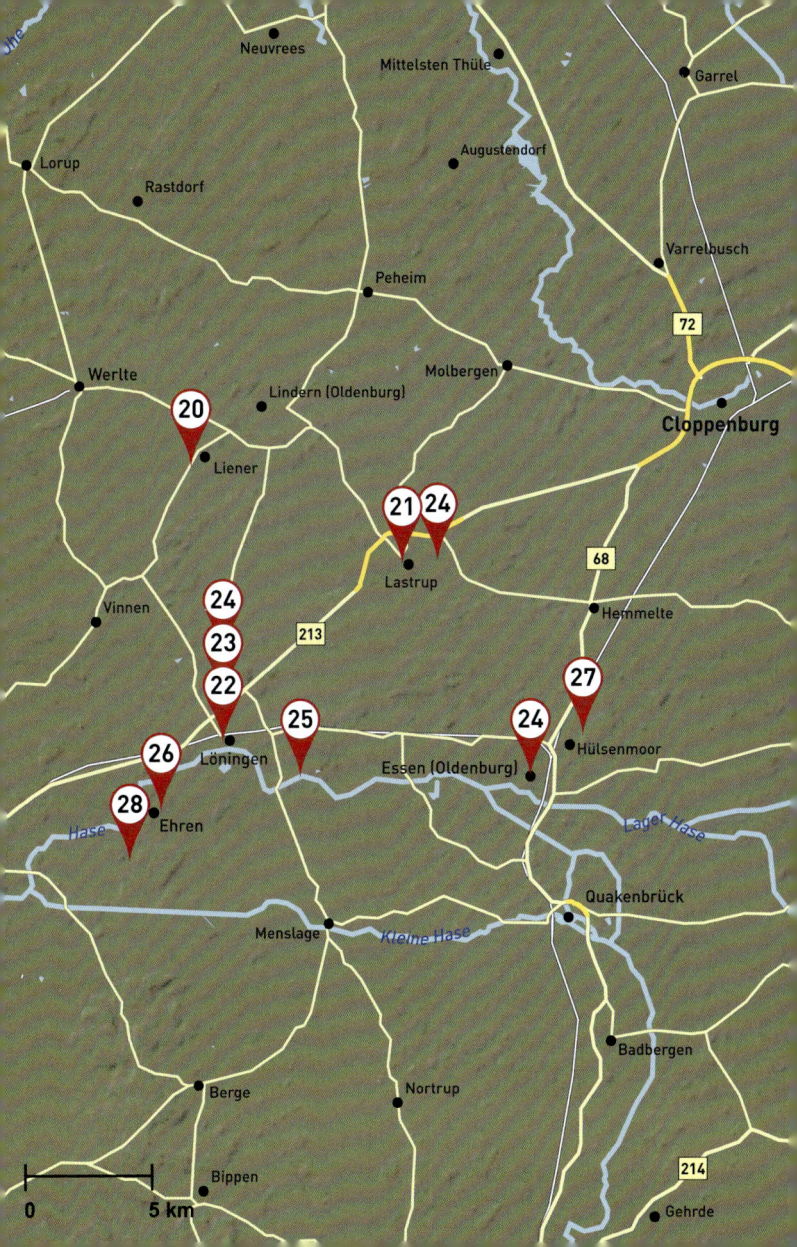

20 Dorfmuseum „Dörps- un Burnstowen"

EIN SPIEGEL DÖRFLICHEN LEBENS

Liener ist ein schmuckes Dorf mit rund 600 Einwohnern. Die Einwohnerzahl hat sich in den vergangenen Jahrzehnten kaum ver-ändert, fast alles andere allerdings schon. Wie sehr, das macht ein Besuch im Dorfmuseum deutlich. Es wurde in einer alten Bauern-diele eingerichtet.

Dorfmuseum unter alten Eichen

Früher gab es in Liener vier kleine Kaufläden und „drei gut funktionierende Kneipen", erzählen Heinrich Schütte und Josef Gäbken von der Dorfgemeinschaft bei einer Führung. Inzwischen hat auch die letzte Gaststätte dichtgemacht. Die Schule schloss 1970, der letzte Bäcker vor knapp einem Jahrzehnt. Es ist wenig geblieben von dem einst vielfältigen Gewerbe. Gerade deshalb lohnt ein Besuch der „Dörps- un Burnstowen", der Dorf- und Bauernstuben.

„Noch bis vor 70 Jahren war Liener fast autark", sagt Josef Gäbken. Es gab einen Schmied, der Türbeschläge, Ketten, Nägel und Hufeisen für Pferde hämmerte, einen Schuster, der Schuhe passgenau von Hand fertigte, einen Weber, der gutes Tuch aus Wolle und Leinen herstellte, und einen Blaufärber, bei dem man sein

Opas Schuhe

Omas Kleiderschrank

blaues Wunder erleben konnte, wenn er nicht gerade blaumachte. Etliche Leute im Dorf verdankten ihre Rufnamen ihrer Tätigkeit, „Hölske Bernd" zum Beispiel oder „Schauster Hans".

Die Werkstatt des Schmieds

Wer im Dorfmuseum die ausgestellten Haushaltsgeräte betrachtet, den Kaffeeröster, das Waschbrett, den Butterstampfer, der ahnt: Das Leben damals war durchaus mühselig. Immerhin, seit 1923 gab es Strom, mit dem Maschinen betrieben werden konnten, zum Beispiel die Bandsäge des Zimmermanns. Der Stolz des Museums ist eine alte Holzschuhmacherei. Die Maschinen in der Werkstatt sind noch voll funktionsfähig, genauso übrigens wie das alte Uhrwerk aus dem Lindener Kirchturm – alle 15 Minuten ertönt die Glocke.

In einem zweiten Trakt, dem ehemaligen Rinder- und Schweinestall, wird landwirtschaftliches Gerät ausgestellt, vom Dreschflegel über den Strohhäcksler bis zum Kartoffelsortierer. Sie stammen, wie fast alles in dem Dorfmuseum, aus Liener und der näheren Umgebung. Auch darauf sind sie hier ein bisschen stolz.

Info

Lage: Das Dorfmuseum liegt unter alten Eichen mitten in Liener. Liener ist ein Ortsteil von Lindern, das gut 20 Kilometer westlich von Cloppenburg liegt.

Adresse: Hauptstraße 23. 49699 Lindern

Aktivitäten:
- Führungen: nach Absprache mit Heinrich Schütte oder Josef Gäbken – und auf Wunsch auch auf Plattdeutsch

Website: *liener.de/museum.html*

21 Schankwirtschaft Knipper

PFERDE AN DER THEKE

1856 eröffnete der Kaufmann Johann Heinrich Meyer in Lastrup ein Textil- und Eisenwarengeschäft. Eine Schankkonzession sicherte ihm ein Nebengeschäft. Im Laufe der Jahre wurde die Gastwirtschaft immer wichtiger. Meyer, bei dem die Gäste anfangs noch in der Küche bewirtet wurden, richtete einen Schankraum ein, mit einem holländischen Kachelofen – der Mann dachte wohl auch ans Wintergeschäft.

Sie sind immer seltener geworden: Dorfkneipen, in denen das gesellschaftliche Leben stattfindet und der Kirchgang endet. In Lastrup kann man sich noch ein Bild machen von einer Schankwirtschaft anno dazumal. Und noch immer werden bei Knipper Gäste bewirtet.

Als Kind saß er mit seinem Vater oft vor diesem Kachelofen, erinnert sich Berthold Knipper. Sein Opa, Wilhelm Knipper, ein Kaufmann aus Sögel, hatte das Haus Anfang des 20. Jahrhunderts übernommen. Ihm verdankt die älteste Kneipe im Ort ihren Namen. Vater Theodor trat die Nachfolge an, Bruder Wilhelm führte sie bis zu seinem Tod 2006. Drei Generationen, ein Jahrhundert Kneipengeschichte.

Vieles ist erhalten geblieben. An der Wand hängen ein Jagdhorn und „Theo's Viehwaage": Theodor Knipper war Jäger und amtlich vereidigter

Wäger. Frühmorgens kamen die Bauern mit ihrem Vieh und ließen ihm kaum Zeit für eine Tasse Kaffee.

Haus mit Geschichte

Im Zentrum des Schankraums: die Theke mit einer alten Zapfsäule. Auf der thront „Hermann der Cherusker", der einst den Römern in der Varusschlacht eine Niederlage beibrachte. Einmal, nach einem Ball, war die kleine Figur verschwunden, erinnert sich Berthold Knipper. Da sagte sein Bruder nur: „Wenn der nicht wiederkommt, war es das letzte Mal." Es dauerte nicht lange, und Hermann war wieder da. Sein Bruder ließ übrigens auch Ziegen und Schafe in die Kneipe. „Und beim Schützenfest standen die Pferde an der Theke und bekamen einen Eimer Wasser." Darauf allerdings müssen die Lastruper Pferde heute verzichten.

Zapfsäulen-Hermann

Lage: Knipper, heute ein Hotel und Restaurant, liegt etwa 15 Kilometer südwestlich von Cloppenburg.

Adresse: Hamstruperstraße 2, 49688 Lastrup

Einkehr: Natürlich bei Knipper. Speisen und Getränke gibt es im Restaurant „Italien Garten", bei gutem Wetter auch im Biergarten.

Aktivitäten: Der Dorfpark Lastrup mit Teich, Kunst und Sportgeräten sowie das Naturerlebnisbad Lastrup sind jeweils nur wenige Fußminuten entfernt.

Website: *hotel-knipper.de*

Info

22 Pfarrkirche St. Vitus

DAS MEISTERWERK DES ZIMMERMANNSSOHNS

Die größte pfeiler-
lose Saalkirche
Deutschlands würde
man vielleicht in Berlin,
Köln oder München
erwarten. Doch sie
steht in Löningen: Die
Pfarrkirche St. Vitus über-
rascht mit einem riesigen
Kirchenschiff. Und mit
einem freistehenden
Kirchturm, der an einen
italienischen Campa-
nile erinnert.

Der freistehende Glockenturm misst 54 Meter

Am 21. Oktober 1804, die Messe war noch nicht beendet, brach in der alten Löninger Kirche ein Balken. Panisch flüchteten die Gläubigen aus dem Gotteshaus, es gab mehrere Verletzte. Auch an den beiden folgenden Sonntagen knirschte es verdächtig im Gebälk. Als dann am ersten Weihnachtsfeiertag auch noch Putz aus dem Gewölbe zu Boden rieselte, war es mit der Geduld der Löninger, die wiederholt die Baufälligkeit moniert hatten, endgültig vorbei.

Hohe Rundbogenfenster

Allerdings hatten sich gerade erst die Zuständigkeiten geändert. Gehörte das Amt Cloppenburg und damit Löningen noch bis 1803 zum Bistum Münster, so musste man in Sachen Kirchenbau nun im

Ein genauer Blick lohnt: die Kanzel mit den vier Evangelisten

protestantischen Oldenburg vorsprechen. In den Jahren 1809 bis 1813 ließ Herzog Peter Friedrich Ludwig eine neue Kirche bauen, ein klassizistischer Bau, ganz im Stil jener Tage. Vor allem die Dach- und Deckenkonstruktion der Pfarrkirche St. Vitus findet bis heute Anerkennung, geschaffen von Johann Nepomuk Schmidt, dem Sohn eines Zimmermanns aus Münster. Dass sich das Hängewerk über 21,50 Meter spannt, von Mauer zu Mauer, wurde als geradezu „revolutionär" gepriesen. Und der Bau steht immer noch, manch Unkenrufen zum Trotz. Nur der Turm war nicht von Dauer. Er ist 1827 eingestürzt. 1960 löste der freistehende Kirchturm den hölzernen Vorgängerbau ab.

Und so stehen Besucher bis heute staunend in dem Kirchenschiff, das 51,50 Meter lang und 43 Meter breit ist. Zwölf überlebensgroße Apostelfiguren aus Terrakotta zieren die beiden Längswände. Sie wurden 1836 aus Köln geliefert. Altar, Kanzel und Orgel sind älter und stammen aus anderen Kirchen, überwiegend aus dem 1812 aufgelösten Vechtaer Franziskanerkloster. Der älteste sakrale Gegenstand in der Kirche ist der Taufstein aus dem 12. oder 13. Jahrhundert.

Lage: Löningen liegt etwa 25 Kilometer südwestlich von Cloppenburg.

Info

Adresse: Kirchplatz 1, 49624 Löningen

Aktivitäten:

- Wellenfreibad Löningen: Angelbecker Straße 5d, 49624 Löningen, *baeder-loeningen.de/wellenfreibad*
- Kanutouren beginnen beim Anleger unterhalb der Hase-Brücke (siehe Tipp 25).
- Die unter Radfahrern beliebte Hase-Ems-Tour (siehe Tipp 24) führt am Ufer der Hase entlang.

Website: *st-vitus-loeningen.de/kirchen-einrichtungen/kirchen-kapellen/st-vitus*

23 Kinotechnische Sammlung

ALS DIE BILDER LAUFEN LERNTEN

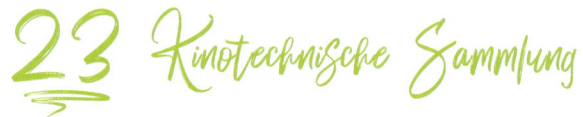

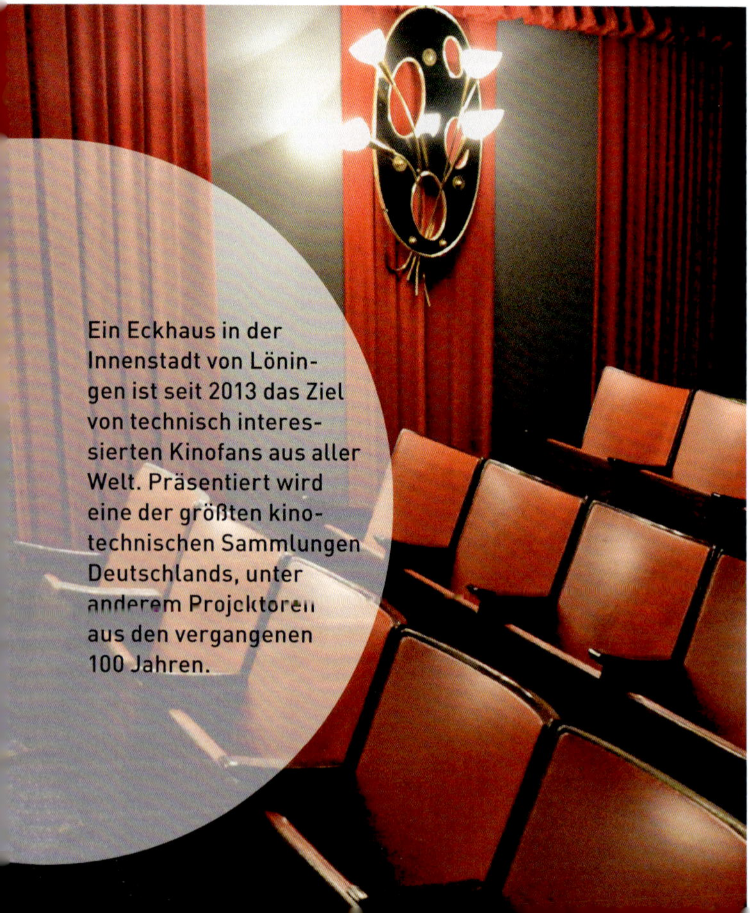

Ein Eckhaus in der Innenstadt von Löningen ist seit 2013 das Ziel von technisch interessierten Kinofans aus aller Welt. Präsentiert wird eine der größten kinotechnischen Sammlungen Deutschlands, unter anderem Projektoren aus den vergangenen 100 Jahren.

Die Welt der Kinotechnik lernt man am besten bei einer Führung kennen, denn dann kommen zur Technik die vielen Geschichten, die die Welt zwischen Daumenkino und 3D so spannend machen. Die erste publikumswirksame Kinovorführung lief 1895, erzählt Andreas Dobelmann, dessen Vater die Sammlung zusammengetragen hat. Zu sehen war unter anderem ein Zug, der auf das Publikum zufuhr, „damals eine Sensation". Anfangs wurden die Projektoren

Innenleben eines Wanderkinos

noch mit einer Handkurbel angetrieben, der Einsatz von Motoren ließ aber nicht lange auf sich warten. Die „Films" – so hießen die zunächst üblichen Kurzfilme von wenigen Minuten – liefen auf Jahrmärkten und in Schaubuden, zumeist in Endlosschleife.

Es dauerte ein Jahrzehnt, bis die bewegten Bilder in den Städten ihr eigenes Haus bekamen – das Lichtspieltheater oder Kino. Der noch immer stumme Film wurde auch hier musikalisch oder von einem Kinoerzähler begleitet. Mit der Erfindung des Lichttons hörte dies schlagartig auf. Ab 1930 setzte sich der Tonfilm weltweit durch. Gut 25 Jahre später läutete der Fernseher das große Kino-

Weltberühmtes Film-Duo

sterben ein. Die Kinotechnik entwickelte sich gleichwohl weiter, im Trend nun: Universalprojektoren für verschiedene Formate. Beispielhaft steht hierfür die „Pyrcon UP 700", ein letztes Produkt des VEB Pentacon Dresden und mit einem Gewicht von 450 Kilogramm eine der schwersten Maschinen in der Ausstellung.

Aufgebaut hat die Sammlung der Arzt und gebürtige Löninger Heinz Dobelmann. Im Rahmen einer Führung kann man es sich auch im hauseigenen Plüschkino gemütlich machen. Ein Projektor aus den 1950er-Jahren ermöglicht das Abspielen älterer Kurzfilme.

Eintrittskarte DM 1,20 – damals

Lage: Löningen liegt etwa 25 Kilometer südwestlich von Cloppenburg.

Adresse: Langenstraße 21, 49624 Löningen

Einkehr: Das hauseigene Film-Café bietet nach vorheriger Absprache Frühstück, Brunch, Suppen oder auch Kaffee und Kuchen.

Website: *historische-kinotechnik.de*

Info

24 Radtour im Hasetal

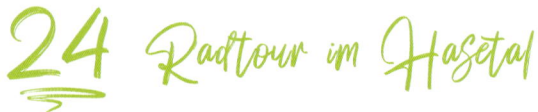

IMMER DER HASE NACH

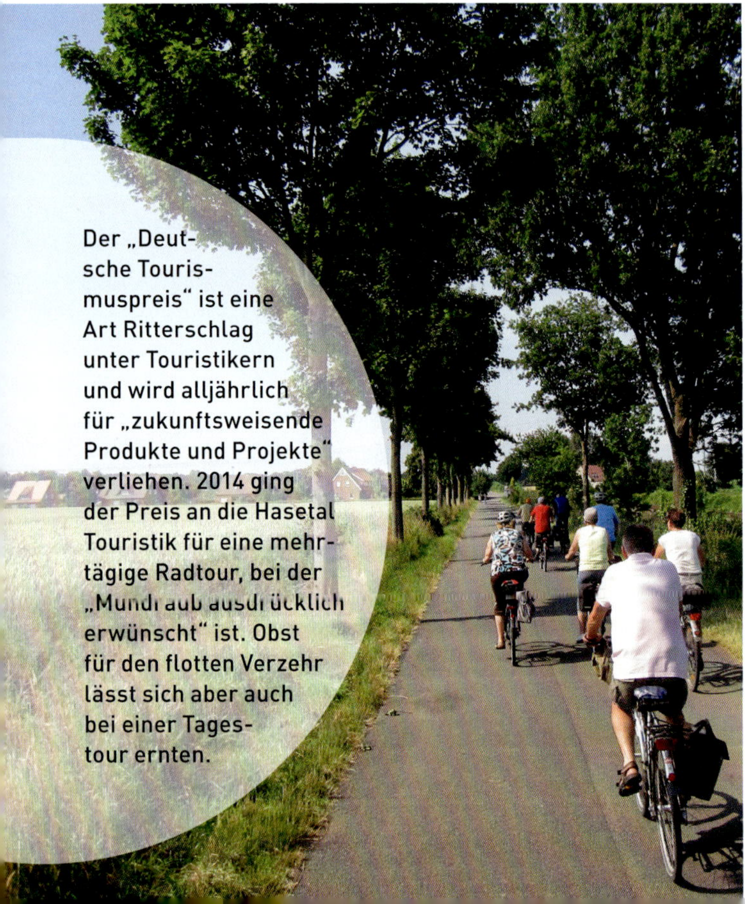

Der „Deutsche Tourismuspreis“ ist eine Art Ritterschlag unter Touristikern und wird alljährlich für „zukunftsweisende Produkte und Projekte“ verliehen. 2014 ging der Preis an die Hasetal Touristik für eine mehrtägige Radtour, bei der „Mundraub ausdrücklich erwünscht“ ist. Obst für den flotten Verzehr lässt sich aber auch bei einer Tagestour ernten.

Vorn die Hase, hinten der Löninger Glockenturm

Die Hase entspringt bei Melle an der Grenze zu Nordrhein-West-falen und mündet nach knapp 170 Kilometern bei Meppen in die Ems. Der Radweg durch das Hasetal ist eine der beliebtesten Routen im Nordwesten. Am Wegesrand: das Osnabrücker Rat-haus, prächtige Fachwerk-häuser im Artland und rund 2000 öffentliche Obstbäume, die zum legalen Mundraub einladen. Hier und da erleich-tern sogar Bänke mit Räuber-leitern das Pflücken. Rund um das Hasetal haben die Tou-ristiker eine ganze Reihe von Angeboten geschnürt, mal als Rundtour, mal als Sternfahrt, mal geführt, mal individuell.

Dieses Schild beseitigt jeden Zweifel

Ein Apfel gefällig?

Und bei der Hase-Ems-Tour sogar mit einer „Schönwettergarantie", soll heißen: bei Dauerregen ist ein Transfer zum nächsten Etappenziel inklusive. Allerdings braucht man für all diese Touren auch ein paar Tage Zeit.

Deshalb gibt es auch eine Art Schnuppervariante: die kleine „Mundräuberroute", eine Tagestour von knapp 40 Kilometern, zu der man wahlweise in Löningen, Lastrup oder Essen (Oldenburg) starten kann. Wer in Löningen aufs Rad steigt, passiert schon

Oder doch lieber Kirschen?

kurz nach dem Start die Wassermühle Gut Duderstadt. Weiter geht es auf alten Moorwegen bis Lastrup. Nach knapp 13 Kilometern erreicht man kurz vor der Bauerschaft Hamstrup den mit 35 Metern höchsten Punkt dieser Runde. Von dort geht es gut zehn Kilometer langsam und unmerklich bergab, dann steht man am Ufer der Hase in Essen. Allerdings sollte man nicht versäumen, im Ort einen Blick auf das großbürgerliche Wohn- und Geschäftshaus in der Peterstraße 7 zu werfen. Der Kaufmann August Meyer ließ es 1909 bauen. Nach 1945 wurde die „Villa Meyer" unter anderem vom Armeestab der nationalpolnischen Exilregierung und als Polizeistation genutzt. Heute beherbergt der denkmalgeschützte Jugendstil-Bau das Rathaus.

Danach folgt man dann dem Lauf der Hase bis Löningen. Die Strecke ist überwiegend asphaltiert und lässt sich bequem in rund drei Stunden zurücklegen, wenn man nicht bei jedem Obstbaum Halt macht. Und das Schöne ist: Dank des Knotenpunktsystems kann man eigentlich auch nicht vom Weg abkommen. Man notiere diese Zahlen: 11 (Start in Löningen) - 15 - 17 - 84 - 51 (Lastrup) - 28 - 60 - 29 - 39 (Essen) - 24 - 27 - 20 - 11.

„Villa Meyer" in Essen

Lage: Lastrup liegt etwa 15, Löningen circa 25 Kilometer südwestlich von Cloppenburg. Essen (Oldenburg) findet sich etwa 18 Kilometer südlich von Cloppenburg.
Website: *hasetal.de*

25 Kanutour auf der Hase

FLUSSWANDERN IM URSTROMTAL

Eine Tour mit dem Kanu auf der Hase ist anfangs vielleicht noch eine wackelige Angelegenheit, verspricht aber, wenn man es dann kann, ganz neue Perspektiven. Von Löningen gleitet das Boot stromabwärts durch eine teils idyllische Auenlandschaft.

Das Hasetal aus der Vogelperspektive

Otto Wienken hat alles vorbereitet. Und er hat Humor: „Bitte vorher bezahlen". Wienken verleiht Zweier-, Dreier- und Vierer-Boote. Für die Sitzordnung gilt: Die Leichten nach vorn, die Schweren nach hinten. Die mit mehr Erfahrung auch eher hinten. Und auch die mit den langen Beinen. Egal, ob kurze oder lange Beine: „Schwimmwesten an – das ist das Erste", sagt Wienken. Wertsachen und Handy verstaut man am besten in einer wasserdichten Tonne. Dann erst wird das Boot zu Wasser gelassen.

Die ersten Meter sind für Anfänger erfahrungsgemäß die schwierigsten. Kurs halten will gelernt sein. „Manche können es sofort, manche können es nicht", so Wienken lapidar. Bei jedem Schlag muss das Paddel leicht gedreht werden. Ungeübten tropft das Wasser vom Paddel

Schon fast synchron

schnell mal auf die Hose. Deshalb ist es auch ratsam, Wechsel-kleidung mitzunehmen. Irgendwann aber hat man den Bogen raus: links, rechts, links, rechts, immer schön gleichmäßig.

Fortgeschrittene schaffen bis zu 20 Kilometer am Tag. Anfänger wissen auch schon nach zehn Kilometern, was sie geleistet haben. Das wäre in etwa die Strecke von Essen (Oldenburg) nach Lönin-gen. Oder die von Löningen nach Herzlake. Drei bis vier Stunden sollte man dafür jeweils veranschlagen, sagt Wienken. Vielleicht auch etwas mehr, denn am Ufer findet sich eigentlich auch immer ein schattiges Plätzchen für ein Picknick. Wobei ab 0,5 Promille nicht mehr gepaddelt werden darf. Hat man sein Ziel erreicht, ruft man Wienken an. Der regelt den Rest.

Stromaufwärts ist schwerer

Lage: Löningen liegt etwa 25 Kilometer südwestlich von Cloppenburg.

Adresse: Den genauen Startort am besten direkt mit Otto Wienken abstimmen. Gruppen können auch ein Floß mieten.

Übernachten: Im Urstromtal der Hase liegt der Hof am Kolk, eine historische Anlage mit Ferienwohnungen und einem Naturhaus, gebaut aus natürlichen Materialien wie Stroh, Lehm, Holz und Glas; Gänhauk 22, 49624 Löningen-Angelbeck, *hof-am-kolk.de*

Website: *flossverleih-wienken.de*

26 Spargelhof Niehaus

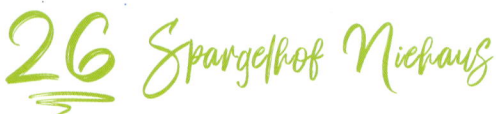

GESUNDES EDELGEMÜSE

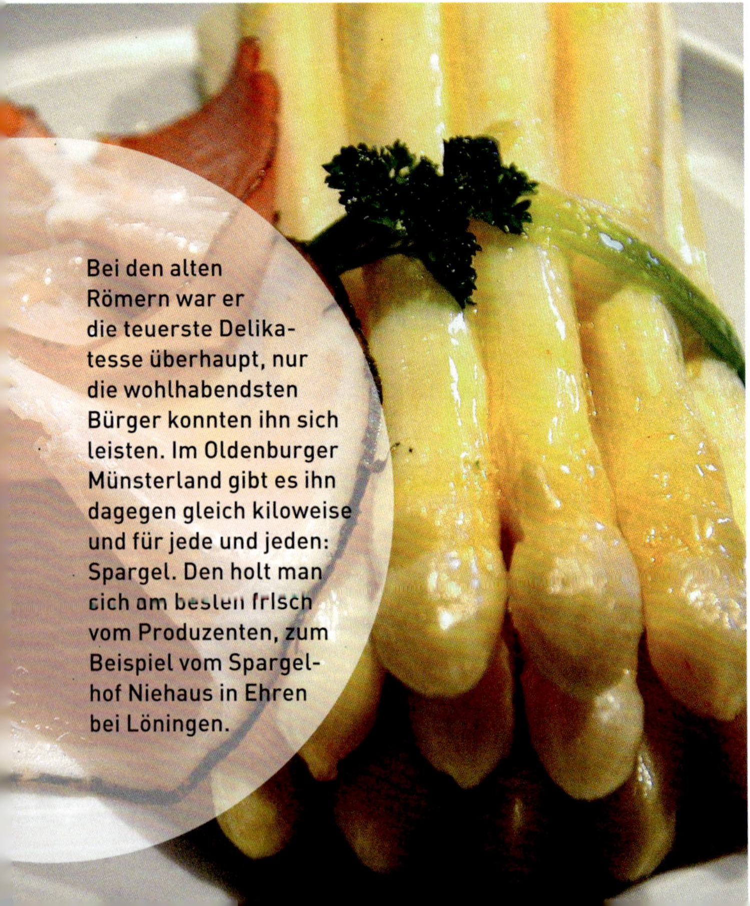

Bei den alten Römern war er die teuerste Delikatesse überhaupt, nur die wohlhabendsten Bürger konnten ihn sich leisten. Im Oldenburger Münsterland gibt es ihn dagegen gleich kiloweise und für jede und jeden: Spargel. Den holt man sich am besten frisch vom Produzenten, zum Beispiel vom Spargelhof Niehaus in Ehren bei Löningen.

An der Einfahrt zum Spargelhof

Berthold Niehaus, Jahrgang 1964, ist quasi mit Spargel groß geworden. 1963 wurde der Hof gegründet, 1968 der erste Spargel angepflanzt. 1970 kamen Erdbeeren dazu, 1972 Heidelbeeren. Berthold Niehaus stieg im Alter von 22 Jahren ein. „Damals war ich der jüngste deutsche Obstbaumeister." 1993 übernahm er den Betrieb.

Heute nimmt allein der Spargel rund 100 Hektar in Anspruch. Auf den Feldern und in der Produktionshalle arbeiten in der Saison gut 100 Mitarbeiter, darunter viele Rumänen, Bulgaren

Grüner Spargel

Berthold und Annette Niehaus

und Polen. Die Halle ist klimatisiert, draußen braucht der Spargel Wärme, hier nicht. Viele Abläufe sind automatisiert. „Hier wird jede Stange mehrfach fotografiert", Qualitätskontrolle à la Niehaus.

„Spargel ist unser wichtigstes Produkt, unser Motor", sagt Berthold Niehaus. Aber Spargel ist auch ein Saisongeschäft. Frühe Sorten gibt es ab Mitte März. Gut zwölf Wochen später, am 24. Juni, ist Schluss. Der Johannistag markiert traditionell das Ende der Spargelsaison. Ein Großteil seiner Ware liefert Niehaus an den Erzeugergroßmarkt Langförden-Oldenburg (ELO). Sie landet in den Frischeabteilungen der großen Discounter. Daneben beliefert er Gastronomiebetriebe im gesamten Nordwesten.

Wer will, kann sich das kalorienarme und vitaminreiche Gemüse natürlich auch direkt bei Niehaus abholen. „Meine Ware ist maximal einen Tag alt." Im Hofladen gibt es nicht nur Spargel, sondern auch den passenden Wein. Und Schinken. Und ein „Rezept der Woche". Übrigens: Niehaus selbst isst in der Saison jeden Tag Spargel, in der Suppe, im Salat, vom Grill oder klassisch, mit Kartoffeln und Schinken. Nur auf Butter oder Sauce Hollandaise verzichtet er.

Serviervorschlag

Lage: Der Spargelhof Niehaus in Ehren liegt circa fünf Kilometer südwestlich von Löningen und etwa 30 Kilometer südwestlich von Cloppenburg.

Info

Adresse: Ehrener Straße 32, 49624 Ehren

Aktivitäten:

- Wenn seine Zeit es zulässt, bietet Berthold Niehaus eine etwa zweistündige Betriebsführung an, Anmeldung erbeten.
- Oldenburger-Münsterland-Spargelessen: Traditionell am Freitag vor Muttertag findet das größte gastronomische Ereignis dieser Art in Deutschland statt. Dutzende von Restaurants und Gasthöfen servieren an diesem Tag Spargelgerichte.

Website: *niehaus-ehren.de*

FITNESSSTUDIO AN DER FRISCHEN LUFT

Die Trimm-Dich-Bewegung ist so etwas wie der Vorläufer des modernen Workouts: Eine Abfolge von sportlichen Übungen, die man gemeinsam, aber auch allein absolvieren kann. Der Trimm-Dich-Pfad in der Gemeinde Essen (Oldenburg) ist, was Länge und Geräte betrifft, geradezu klassisch. Und er liegt mitten im Wald.

Hier geht es lang

Die Älteren werden sich erinnern: Es gab eine Zeit, Anfang der 1970er-Jahre, da wollte der Deutsche Sportbund mit einer Kampagne die Bewegungsmuffel unter uns erreichen – und startete die Trimm-Dich-Bewegung. „Ein Schlauer trimmt die Ausdauer" lautete ein Werbeslogan im Fernsehen. Geblieben sind zahlreiche Trimm-Dich-Pfade.

Der in Essen punktet unter anderem mit seiner Lage „in freier Natur", wie es auf einem Schild am Eingang heißt. Kurz dahinter das nächste Schild, die erste Übung: die Arme kreisen lassen, zehnmal bitte, ob Sportler oder Nichtsportler. Da denkt sich jede und jeder noch: ein Klacks. Übung 2: „Rumpfbeugen", auch zehnmal, auch keine große

„Warm-up Bank"

141

Die Hürden werden höher

Herausforderung. Übung 3: „Kniebeugen", wie gehabt. Doch so langsam beginnt man zu schnaufen. Dann kommen die Übungen, bei denen auf den Schildern ein Unterschied gemacht wird zwischen Sportler und Nichtsportler. Und spätestens bei der sechsten Übung, dem „Trimm-Barren", trennt sich die Spreu vom Weizen. Dreimal sollen sich hier Sportler von Sprosse zu Sprosse hangeln,

Sieht eigentlich ganz leicht aus ...

einmal die Nichtsportler. Wobei manch einer vermutlich froh ist, wenn er nicht wie ein nasser Sack schon bei der ersten Sprosse hängenbleibt. So geht es munter weiter, bis zu einem kleinen Hürdenlauf und den abschließenden Lockerungsübungen. Insgesamt 20 Stationen, „TÜV geprüft", auf einer Wegstrecke von rund drei Kilometern. Übung macht den Meister, möchte man den leicht Demoralisierten zurufen, und so dachten auch schon die Initiatoren der Trimm-Dich-Bewegung. Für weniger Ambitionierte ist das Ganze ein netter Spaziergang durch einen schönen Mischwald.

Man kann auch einfach nur wandern

Lage: Essen (Oldenburg) liegt etwa 18 Kilometer südlich von Cloppenburg. Der Trimm-Dich-Pfad befindet sich in den „Felder Forsten".

Info

Adresse: Kreuzung Felder Straße/ Am Forst, 49632 Essen (Oldenburg) Ortsteil Hülsenmoor. An der Straße „Am Forst" ist der Eingang zum Trimm-Dich-Pfad.

Website: *essen-oldb.de/kultur-freizeit/trimm-dich-pfad*

28 Ballonfahrt

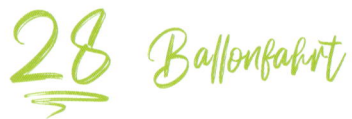

HASETAL AUS DER VOGELPERSPEKTIVE

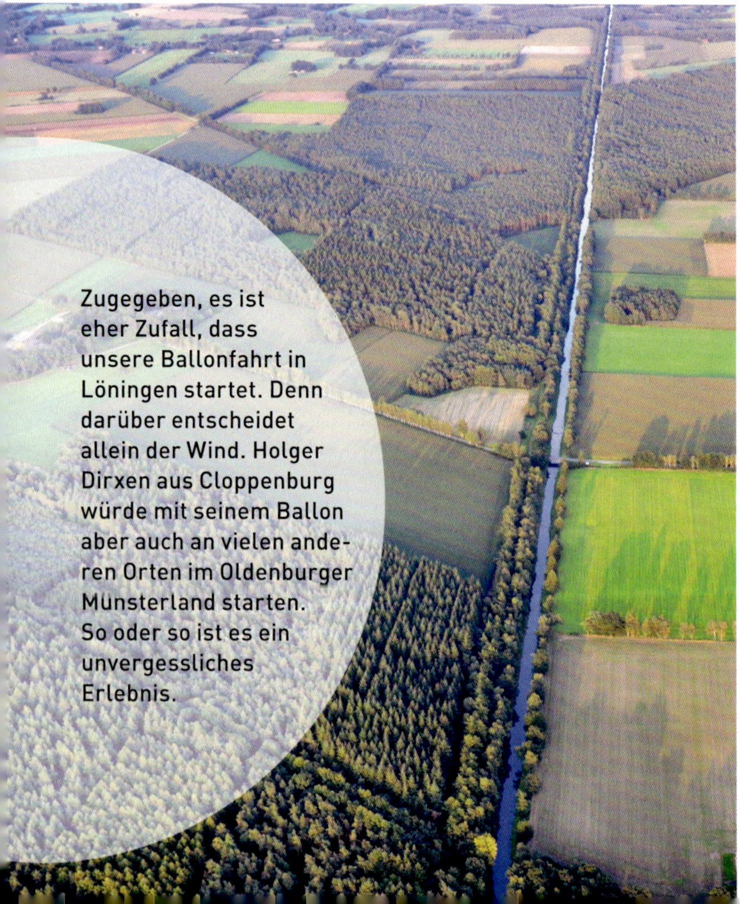

Zugegeben, es ist eher Zufall, dass unsere Ballonfahrt in Löningen startet. Denn darüber entscheidet allein der Wind. Holger Dirxen aus Cloppenburg würde mit seinem Ballon aber auch an vielen anderen Orten im Oldenburger Münsterland starten. So oder so ist es ein unvergessliches Erlebnis.

Unsere Ballonfahrt beginnt auf einem Sportplatz am Rande von Löningen. Schnell wird klar: Holger Dirxen ist ein Meister im Delegieren. Das muss er auch sein, denn gerade beim Start braucht es viele helfende Hände. Erst wuppen wir den Ballon, ein anfangs noch einigermaßen handliches 325-Kilogramm-Paket, aus dem Wagen, dann rollen wir ihn der Länge nach aus. Zwei kräftige Männer halten die Hülle aus hauchdünnem Polyester an ihrem unteren Ende auf, zwei weitere stehen an den Ventilatoren, über die kalte Luft hineingeblasen wird. Es dauert eine Weile, bis unser knallgelbes Fluggerät Form annimmt. Alles muss schön faltenfrei sein, darauf achtet Dirxen genau. Dann hören wir zum ersten Mal das so typische Geräusch des Brenners. Mit einer langen Gasflamme erhitzt Dirxen die Luft im Ballon, der sich langsam aufrichtet. Im Korb, der noch auf der Seite liegt, hocken bereits

Vorbereitung auf den Start

Gibt Gas: Holger Dirxen

mehrere Mitfahrer, damit die Reise nicht ohne uns losgeht. Dann wuppen wir gemeinsam den Korb in die Startposition und springen hinein. Sekunden später erheben wir uns vom Erdboden.

Der Korb ist gerade mal knapp fünf Quadratmeter groß und dreigeteilt: in der Mitte Dirxen mit dem Brenner und 400 Litern Flüssiggas, rechts und links jeweils fünf Fahrgäste. Und die haben viele Fragen. Warum wir zum Beispiel nicht nach Bremen fliegen, möchte eine Bremerin wissen. Das hängt allein ab vom Wind, sagt

Löningen von oben

Dirxen, wobei dessen Richtung je nach Flughöhe und Luftschicht variieren kann. Der Wind kann sich sogar um 180 Grad drehen – die Cloppenburger haben sich schon mal gewundert, warum er gleich drei Mal über ihre Stadt geflogen ist. Nein, passiert sei noch nie etwas, jedenfalls nichts Ernstes, seit er 2005 den Pilotenschein gemacht hat. Und ja, wir könnten auch über den Wolken fliegen, wenn welche da wären. Es ist eine fast anachronistische Art der Fortbewegung. Im Grunde hat sich seit 1783 nicht viel verändert. Damals starteten die Gebrüder Montgolfier zu ihrer ersten Ballonfahrt. Seither gilt es unter Ballonfahrern als ausgemachte Sache, dass ein Ballon fährt und nicht fliegt.

Fast unbemerkt haben wir eine Höhe von über tausend Metern erreicht. Die Sicht ist hervorragend. Im Nordwesten erkennen wir den Dollart, aus rund 60 Kilometer Entfernung kaum mehr als ein Silberstreifen am Horizont. Und davor, „wie ein großer Schuhkarton", die Meyer Werft. Im Süden reicht der Blick bis zum Teutobur-

Da ungefähr ist die Nordsee

ger Wald. Unter uns schlängelt sich die Hase der Ems entgegen. Im Licht der untergehenden Sonne spiegeln sich die wiedervernässten Flächen des Hahnenmoores.

Höhenkontrolle

Nach gut einer Stunde hält Dirxen Ausschau nach einem Landeplatz. Eine Weide soll es sein, kein Kartoffelacker oder Getreidefeld – bloß kein Ärger mit Bauern. Die Bäume werden größer. Jetzt bitte alle Handys und Fotoapparate weg, beide Hände an die Griffe im Korb und „ein bisschen in den Knien federn". Und, ganz wichtig, nach der Landung nicht gleich aus dem Korb springen. Wir streifen ein paar Äste, dann setzt der Korb auf, hüpft einmal kurz hoch und kommt zur Ruhe. Spontaner Beifall.

Noch einmal müssen alle mit anpacken. Außerdem steht ja noch ein altes Ritual an: die Ballonfahrertaufe. Holger Dirxen holt das Feuerzeug raus und sengt bei jedem ein paar Haare am Hinterkopf an. Es knistert kurz, dann wird mit Sekt gelöscht. Und wehe, einer redet noch mal vom Ballonfliegen – das kostet eine Runde.

Website: *wassertraeumer.de*

HINWEISE:

Info

- Die Saison geht von Mai bis Oktober. Ballonfahrten finden in den frühen Morgenstunden oder am Abend statt. Der Start erfolgt nur bei sicheren Windverhältnissen.
- Die Startplätze sind verzeichnet in einer Karte auf der Website. Oder man bucht den ganzen Ballon – dann startet Dirxen auch im hauseigenen Garten, wenn der Rasen mindestens 80 mal 80 Meter misst.

Ausflugsregion

Nordkreis Vechta

Goldenstedter Moor

Ausflugsregion Nordkreis Vechta

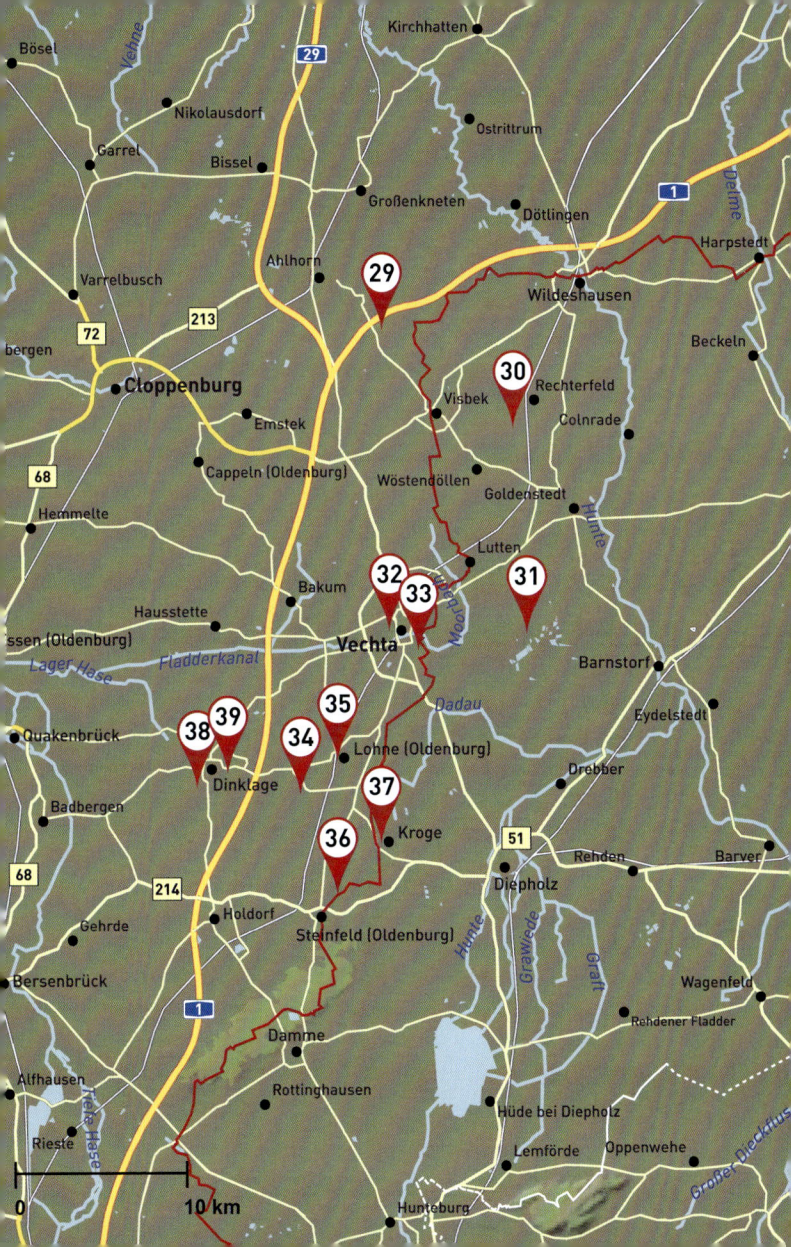

29 Visbeker Bräutigam

DER HAUCH DES HÜNENGEISTES

Ein wenig Geschichte, ein bisschen Gänsehaut, dazu Gitarre, Gesang und ein gutes Essen – das sind die Zutaten für ein Wintervergnügen der etwas anderen Art. „Der Hauch des Hünengeistes", so nennt sich eine Führung bei Fackelschein zu den eindrucksvollsten Großsteingräbern Norddeutschlands. Die Teilnehmer treffen sich beim traditionsreichen Landgasthof Engelmannsbäke in der Gemeinde Visbek, wählen zunächst ein Gericht aus einer thematisch angepassten Speisekarte und machen sich dann auf den Weg zu den Bestattungsanlagen der Jungsteinzeit, errichtet um 3500 bis 2800 v. Chr.

Der Visbeker Bräutigam liegt an der Straße der Megalithkultur und ist eines der größten und bekanntesten Großsteingräber Norddeutschlands – und schon bei Tageslicht betrachtet eine sehr imposante Anlage. Nochmal ganz anders gestaltet sich der kleine Ausflug in die Steinzeit im abendlichen Schein von Fackeln.

Erste Station ist der Heidenopfertisch. Um das Grab mit dem riesigen Deckstein ranken sich Sagen und Mythen. Anders als bei anderen Führungen wird die Historie jedoch nicht nur in Zahlen und Fakten, sondern auch in Gedichtform dargebracht, rezitiert von Gästeführerin Ulrike bei der Hake-Tönjes. Passend dazu hat ihre Kollegin Elisabeth Tappehorn teils altes Liedgut herausgesucht. Über eine Holzbrücke geht es dann weiter zum nur gut 200 Meter entfernten Visbeker Bräutigam, dem mit 130 Findlingen größten Hünenbett in ganz Niedersachsen. Fackeln tauchen die 104 Meter lange und bis zu neun Meter breite Anlage in ein weiches Licht. Vor rund 5000 Jahren verlief hier ein alter Handelsweg, die „A1 der Steinzeit", so Ulrike bei der Hake-Tönjes in Anspielung auf die nahe Autobahn. Am Ende noch ein Lied, dann geht es zurück zum

Heidenopfertisch

Landgasthof Engelmannsbäke. Denn es ist bereits angerichtet – der „Steinzeittopf" ist nur eines der zur Auswahl stehenden Gerichte.

Visbeker Bräutigam

Lage: Visbek liegt etwa zwölf Kilometer nördlich von Vechta. Die Fackeltour startet beim Landgasthof Engelmannsbäke, etwa sechs Kilometer nördlich von Visbek.

Adresse: Engelmannsbäke 31, 49429 Visbek

Website: *nordkreis-vechta.de/der-hauch-des-hünengeistes/21436*

Info

153

BÄLLCHEN UND TALER

Ziegenkäse ist nicht jedermanns Sache. Wenn dieser allerdings bei einem Publikumsvotum als „Leckerbissen des Jahres" ausgezeichnet wird und auch Genießer sich wohlwollend äußern, dann ist es vielleicht an der Zeit, den Hof Michelbrand in Visbek aufzusuchen. Viel milder kann Ziegenkäse nicht schmecken.

Irritiert steht der Besucher vor einem Hof an einer Landstraße östlich von Visbek. Wäre da nicht das Schild mit der Aufschrift „Sieben Ziegen", niemand käme auf die Idee, dass hier die Hofkäserei Michelbrand beheimatet ist, in der ein allseits geschätzter Ziegenkäse produziert wird. Womit schon mal klar ist:

Kein Zweifel: Hier ist es

Das große Bohei ist ihre Sache nicht. „Wir hatten immer Ziegen laufen, das sind schöne Tiere", sagt Maria Michelbrand, die den Hof zusammen mit Sohn Christian betreibt. Mit zwei Ziegen haben sie angefangen. Dann meldete sich ein Schwager aus Bonn. Der hatte ein paar mehr und noch dazu fleißige Böcke. Da hieß es: „Maria, nimm mal fünf Ziegen mit." Die kamen zu den beiden,

Ziegen sind neugierig, sauber, sozial und intelligent

Macht den Käse: Maria Michelbrand

die schon auf dem Hof waren. So entstand der Name: Sieben Ziegen. Inzwischen sind es so um die 80 – alle selbst großgezogen, anfangs mit der Nuckelflasche, zweimal am Tag.

Morgens um halb fünf und nachmittags gegen 16 Uhr wird gemolken. Jede Ziege gibt mehrere Liter Milch pro Tag. Die wird pasteurisiert. Jeden zweiten Tag macht Maria Michelbrand daraus Käse, Frischkäse-Bällchen zum Beispiel. Die Bällchen werden von Hand gedreht und in Rapsöl eingelegt. Es gibt sie in fünf Varianten: Bärlauch, Bruschetta, Knoblauch, Pfeffer und „Scharfe Ziege". Wer es lieber ganz mild mag,

Sie mögen einander

greift zum Weichkäse, dem „Ziegentaler". Vertrieben wird der Käse unter anderem über regionale Supermärkte und Hofläden. Natürlich bekommt man ihn auch auf dem Hof. „Einfach klingeln oder in den Stall kommen." Ach ja, zwei Dinge noch. Erstens: Ziegen meckern nicht. Oder nur selten und vor allem in der Bockzeit. Und zweitens: Ziegen stinken nicht. Und wenn, dann auch nur in der Bockzeit. Die Tage Ende August, Anfang September sind also nicht die besten für einen Besuch auf dem Hof.

Lage: Man erreicht die Hofkäserei „Sieben Ziegen" von Norden kommend über Rechterfeld oder von Südwesten kommend über Wöstendöllen. Er liegt etwa 5,5 Kilometer östlich von Visbek. Visbek liegt etwa zwölf Kilometer nördlich von Vechta.

Adresse: Bonrechtern 25, 49429 Visbek

Info

31 Goldenstedter Moor

VÖGEL DES GLÜCKS

Die Moorniederung zwischen Goldenstedt und Diepholz zählt zu den bedeutendsten Rastplätzen des Kranichs in Deutschland. Die Vögel machen hier Station auf ihrem Weg in die Winterquartiere – ein beeindruckendes Naturschauspiel, zu dem auch Führungen angeboten werden.

Ein kleiner Bauwagen am Rande des Goldenstedter Moores, nur wenige hundert Meter vom Naturschutz- und Informationszentrum (NIZ) Goldenstedt entfernt. Vor uns eine flache Ebene, aus der junge Birken und – in weiter Ferne – ein paar Torfberge emporragen. Es ist ruhig, das Pfeifengras wiegt sich im Wind. Ein guter Platz für Vogelfreunde. Unweigerlich wird man still und sucht den Himmel mit seinen Augen ab. Dann kommen sie. Lauter kleine schwarze Punkte, die sich am Horizont mal zu einer dichten Wolke, mal zu einer langen dunklen Schlange formieren: Kraniche. Viele Kraniche. Es sind mehrere hundert, die von denen, die schon am Boden sind, lautstark begrüßt werden. Ihr Ruf, oft als trompetend beschrieben, erfüllt die Luft. „Gruh, gruh." Immer lauter. „Gruh, gruh". Vor allem die Altvögel sind weit zu hören.

Abendeinflug der Kraniche

Der nächste Trupp fliegt ein, diesmal in Keilformation, die Hälse weit nach vorn gestreckt. Die langen Beine werden erst kurz vor der Landung ausgefahren. Die Vögel sammeln sich in sicherer Entfernung, unsichtbar hinter hohem Gras. Alle naselang trudeln weitere Trupps ein. Kurz vor Einbruch der Dunkelheit steigen sie gemeinsam auf und fliegen zu ihren Schlafplätzen. Kraniche schlafen im Stehen, mitten im Moor, und, wenn möglich, umge-

Schlafplatz der Kraniche

ben von knietiefem Wasser, zum Schutz vor natürlichen Feinden wie dem Fuchs. Bis Anfang Dezember bleiben sie im Goldenstedter Moor. Dann ziehen die meisten weiter in ihre Winterquartiere im Südwesten Frankreichs, nach Spanien oder Nordafrika. Nur einige kleinere Gruppen bleiben hier – sie überwintern und trotzen selbst größerer Kälte.

Kraniche soll es in der Moorniederung schon um die Wende zum 20. Jahrhundert gegeben haben. Dann wurden die Flächen trockengelegt und die Tiere verschwanden. Jahrzehntelang hat man Torf abgebaut, erst im Handstich, später industriell.

Tagsüber sieht man die Tiere auf den Feldern rund um das Goldenstedter Moor

Auch heute noch wird Torf genutzt, allerdings hat man bereits vor über 30 Jahren mit der Wiedervernässung abgetorfter Flächen begonnen. Ohne diese renaturierten Flächen, ohne das Niedersächsische Moorschutzprogramm gäbe es hier keine Kraniche. Um das Jahr 2000 herum sind die ersten wieder aufgetaucht, ein kleiner Trupp nur, der davor vermutlich auf einer anderen Route gen Süden zog. Ihnen scheint es im Goldenstedter Moor gefallen zu haben. Jedenfalls wurden es von Jahr zu Jahr mehr. In der gesamten Diepholzer Moorniederung sind es mehrere zehntausend. Damit gehört das Gebiet zu den drei größten Rastplätzen in Deutschland, ähnlich bedeutsam wie die Rügen-Bock-Region an der Ostseeküste oder das brandenburgische Rhin- und Havelluch.

Info

Lage: Das Naturschutz- und Informationszentrum (NIZ) „Haus im Moor" liegt gut acht Kilometer östlich von Vechta.

Adresse: Arkeburger Straße 22, 49424 Goldenstedt

Aktivitäten:

- Führungen: An ausgewählten Tagen im Oktober und November starten beim NIZ die „Kranichbegegnungen", Wanderungen zum Abendeinflug der Kraniche.
- Aussichtsturm: Auf dem NIZ-Gelände. Kraniche lassen sich von Mitte Oktober bis Anfang Dezember und von Ende Februar bis Mitte April beobachten. Die beste Zeit: eine Stunde vor Sonnenuntergang. Fernglas oder Spektiv mitnehmen!
- Moorbahnfahrten: Von März bis Oktober. Dauer: eineinhalb Stunden. *niz-goldenstedt.de/moorbahnfahrten.html*
- Moorerlebnispfad: Auf einem 800 Meter langen Bohlenweg und in einem „Moortunnel" erfährt der Besucher Wissenswertes zum Lebensraum Moor.

Einkehr: Wenn die Gastronomie im NIZ geöffnet hat, kann man ganz stilecht einen Buchweizenpfannkuchen probieren.

Website: *niz-goldenstedt.de*

GRÜNE LUNGE AN HISTORISCHER STÄTTE

Die Zitadelle „Sancta Maria" in Vechta war eine der stärksten Verteidigungsanlagen in der Region und sicherte ein gutes Jahrhundert lang die nordwestliche Ecke des Fürstbistums Münster. Das Bollwerk war annähernd so groß wie der Ort selbst, in Kriegszeiten kamen auf 1000 Einwohner rund 800 Soldaten. Die Anlage wurde in Teilen rekonstruiert.

Innerstädtisches Naherholungsgebiet

Wer den Zitadellenpark in Vechta besucht, braucht ein bisschen Fantasie, um sich vorzustellen, wie es hier früher ausgesehen hat. Denn die Zitadelle war eine „kleine Stadt", eine „cittadella", wie es im Italienischen heißt – mit Krankenhaus und Kapelle, Bäckerei und Brauerei, Speicher und Magazinen, Pulverturm und Gefängnis. Es muss eine mächtige Anlage gewesen sein. Mächtig genug jedenfalls, um diese Ecke des Fürstbistums zu sichern, nach all den Wirren des Dreißigjährigen Krieges und dem Abzug der Schweden, an den sie in Vechta seither jedes Jahr an Christi Himmelfahrt mit einer Prozession erinnern. Mächtig genug auch, um keine Zweifel daran aufkommen zu lassen, wer hier nach dem ganzen Hin und Her seit der Reformation nun wieder das Sagen hatte. So ungefähr mag der Münsteraner Fürstbischof Christoph Bernhard von Galen gedacht haben, als er im Jahre 1666 mit dem Bau der Zitadelle westlich der Stadt beginnen ließ.

Modell der Festung

Die Zitadelle Vechta war ein Bollwerk mit mehreren Verteidigungslinien: dem äußeren Festungsgraben, einem ersten Erdwall, dem inneren Festungsgraben, einem weiteren Wall und schließlich den fünf Bastionen, jede um die neun Meter hoch und mit einem „Cavalier" in der Mitte, einer Stellung für die schwersten Geschütze, sogenannte „Vierundzwanzigpfünder". Insgesamt verfügte die Anlage zeitweise über bis zu 100 Geschütze.

Kanonenkugeln

Die Bastionen trugen die Namen des Bistumsheiligen und der am Bau beteiligten Bischöfe: St. Paulus, Christoph Bernhard, Maximilian, Ferdinand und Friedrich Chris-

Blick auf den Zitadellenpark

tian. Sternförmig ragten sie in den Festungsgraben, fünf Zacken wie Pfeilspitzen. Jede Bastion hatte zwei Flanken, die jeweils von der gegenüberliegenden Bastion gesichert wurden. Es gab also keinen toten Winkel, ein ebenso einfaches wie geniales Verteidigungsprinzip. Die geistigen Väter dieses Prinzips waren Sébastien Le Prestre de Vauban und Henrick Ruse, im 17. Jahrhundert zwei der bekanntesten Festungsbaumeister, der eine aus Frankreich, der andere aus Holland. Heute ist die Anlage in Vechta neben der komplett restaurierten Festung von Bourtange unweit der deutsch-niederländischen Grenze die einzige Anlage weit und breit, bei der man dieses Prinzip nachvollziehen kann.

Militärisch bewähren musste sich die Festung nicht. Im April 1758, der Siebenjährige Krieg währte gerade mal zwei Jahre, wurde sie den anrückenden hannoverschen Truppen kampflos

Rekonstruierte Burganlage „Castrum Vechtense"

übergeben, einer Weisung aus Münster folgend. Die Waffentechnik hatte sich derart weiterentwickelt, dass eine Verteidigung wenig Sinn ergab. Anlagen dieser Art büßten zu jener Zeit europaweit ihre Bedeutung ein und wurden geschleift, so auch die in Vechta im Jahre 1769.

Gut 200 Jahre später besann man sich hier – ähnlich wie in Bourtange – auf die historischen Wurzeln. Ende der 1980er-Jahre wurde ein Teil der ehemaligen Festung restauriert, der Zitadellenpark entstand. 2013 kam das „Castrum Vechtense" hinzu, eine Drei-Insel-Burganlage mit einem 13 Meter hohen Turm aus Eichenholz, der Besuchern einen Eindruck von den Wohn- und Wirtschaftsräumen einer Burg aus dem 11. Jahrhundert vermittelt und zugleich einen guten Überblick über die Parkanlage verschafft.

Sommerveranstaltung „StadtgARTen"

Burgmannen-Tage

Lage: Der Zitadellenpark liegt westlich vom Vechtaer Bahnhof am Ende der Sackgasse „Zitadelle".

Info

Adresse: Zitadelle 15, 49377 Vechta

Aktivitäten:

- Museum im Zeughaus: Das Zeughaus, ältestes noch existierendes militärisches Nutzgebäude des ehemaligen Fürstbistums Münster, beherbergt heute das städtische Museum. Der Bau aus dem Jahre 1698 diente von 1816 bis 1991 als Gefängnis. Mehrere Zellen können noch besichtigt werden.
  museum-vechta.de/museum

- Burgmannen-Tage: Mittelalterliches Spektakel am letzten vollen September-Wochenende mit Heerlager und Handwerkermarkt im Zitadellenpark. Für das Kampfgeschehen und beim historischen Outfit gibt es klare Regeln – es soll möglichst authentisch zugehen.

Einkehr:

- Picker's Beachbar im Zitadellenpark: Daneben liegt der Wasserspielplatz für Kinder, mit Bezug zur Zitadelle, sprich Wasserlanzen und Ritterhelmen – die Fontäne kommt auf Knopfdruck. *pickers-beachbar.de*

Website: *museum-vechta.de*

AUF DEN SPUREN DES JUNGEN DICHTERS

Für die einen ist
er der größte Sohn
der Stadt Vechta und
„Urvater der deutschen
Popliteratur", für andere
ein Nestbeschmutzer:
Rolf Dieter Brinkmann.
Obwohl er seine Heimat
früh verlassen hat, blieb
sie in seinem Werk prä-
sent. Ein „literarischer
Spaziergang" führt
zu Orten, die für den
jungen Brinkmann
prägend waren.

Machen wir es wie Rolf Dieter Brinkmann: Gehen wir spazieren. Der Dichter war ein begeisterter Spaziergänger und erkundete Städte wie Köln, London oder Rom, aber auch seine Heimatstadt Vechta mit Vorliebe per pedes. Wandeln wir also auf den Spuren des jungen Brinkmann. Dafür

Vechta in den 1950er-Jahren

hat Markus Fauser, der Leiter der Arbeitsstelle Rolf Dieter Brinkmann an der Universität Vechta, einen „literarischen Spaziergang" ausgearbeitet, mit 13 Stationen, allesamt in Vechta und gut zur Hälfte in der Innenstadt. Es ist, wenn man so will, auch eine Zeitreise, denn wir lernen das Vechta der 1950er-Jahre kennen.

Ein Vechta, das sich seit den Tagen Brinkmanns sehr verändert hat. Das wird deutlich beim Blättern in dem Büchlein von Fauser, das man sich vorab besorgen sollte.

Markus Fauser mit Brinkmann-Foto

Rolf Dieter Brinkmann kam am 16. April 1940 zur Welt. Die ersten fünf Jahre seines Lebens verbrachte er in einem Haus, das nicht mehr existiert. Dann bezog die Familie das Haus am Kuhmarkt 1. Auf dem Weg in die Stadt kam der junge Brinkmann beim Bremer Tor an einer Eisdiele mit Jukebox vorbei. Mit „Tutti Frutti" von Little Richard im Ohr zog er weiter zur Schule oder zur Buchhandlung Korth, in der er ganze Nachmittage verbrachte. Oder zu einem Kino in der Großen Straße, das er ebenfalls gerne aufsuchte. Noch lieber suchte er allerdings Elisabeth Piefke auf, seine große Jugendliebe, die ganz in der Nähe lebte, nur war das zu seinem Leidwesen eine recht einseitige Angelegenheit. Immerhin: Sie blieben bis zu seinem Tod freundschaftlich verbunden.

Eisdiele, Buchhandlung und Kino existieren nicht mehr, man muss also seine Fantasie bemühen, um sich in die Zeiten Brinkmanns zu versetzen. Anders dagegen das Theater „Metropol", das immer noch genutzt wird. Hier glänzte Brinkmann als Mitglied einer schulischen Arbeitsgruppe in der Rolle des Unteroffiziers Beckmann. Es war die Hauptrolle in dem Theaterstück „Draußen vor der Tür" von Wolfgang Borchert. Wenig verändert hat sich auch das Gymnasium Antonianum, jedenfalls von außen betrachtet. Brinkmann ließ kein gutes Haar an der „sogenannten höheren Bildungsanstalt". Und auch das Gut Welpe am südlichen Stadtrand, einst ein Fluchtpunkt des jungen Brinkmann, existiert noch. Es beherbergt heute ein Restaurant. Letzte Station auf diesem „literarischen Spaziergang" ist Brinkmanns Grab auf dem katholischen Friedhof, ausgerechnet, möchte man

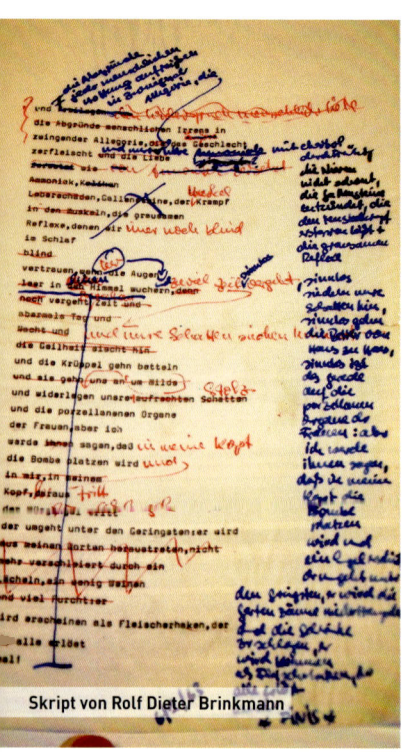

Skript von Rolf Dieter Brinkmann

meinen, wenn man an seine bissige Kritik am Katholizismus denkt. Dabei ist er nie aus der Kirche ausgetreten. Brinkmann starb am 23. April 1975. Das „Genie der Provinz", so Fauser, das „eine neue Art von Lyrik in der bundesrepublikanischen Literatur etabliert" hat, wurde in London von einem Auto erfasst, als er eine Straße überqueren wollte. Brinkmann hatte den Linksverkehr nicht beachtet.

Brinkmanns Grab

Aktivitäten:

- Literatur: „Durch Vechta mit Brinkmann – Ein literarischer Spaziergang" ist ein Booklet, das im Jahr 2020 zum 80. Geburtstag von Brinkmann erstmalig erschienen ist und inzwischen neu aufgelegt wurde. Kostenlos erhältlich unter anderem im Rathaus und bei der Tourist-Info.
- Ausstellung: In der Uni-Bibliothek in der Driverstraße 26 sind während der üblichen Öffnungszeiten unter anderem Briefe und Briefbücher, Gedichtsammlungen und selbst gestaltete Postkarten von Brinkmann zu sehen. Eine größere Dauerausstellung, vielleicht sogar in einem „Kulturhaus Rolf Dieter Brinkmann", ist eines der Ziele einer 2023 gegründeten Kulturstiftung.

Einkehr:

- Restaurant „Gut Welpe": eine der Stationen des „literarischen Spaziergangs", liegt im Grünen am Stadtrand; Welpe 1, 49377 Vechta, *gutwelpe.de*

Info

34 Gänsehof Tapphorn

TIERISCHE VIELFALT

Anfangs war es nur eine kleine Gänsezucht auf einem Heuerlingshof. Im Laufe mehrerer Jahrzehnte ist daraus ein Betrieb geworden, der sich ganz der Gans verschrieben hat: der Gänsehof Tapphorn. Im Hofladen oder bei einer Führung erfährt man alles, was man zum Beispiel über Federbetten oder Festtagsbraten wissen muss.

Es ist nicht ganz einfach, kurz und knapp zu erklären, was auf dem Gänsehof Tapphorn alles passiert. Eine Bilderfolge auf der Internetseite vermittelt eine Ahnung: Man sieht ein Ei, ein Küken, eine ausgewachsene Gans, einen Haufen Federn, eine Bettdecke und einen verzehrfertigen Braten. Das ist so ungefähr die Produktpalette, die Iris Tapphorn zusammen mit ihrem Mann Sascha anbietet. Fehlt noch der „Schnatterschnaps". Aber der ist eher ein Nebenprodukt.

Gänseküken beim Fotoshooting

Gehen wir die Dinge einzeln durch. Da ist zunächst die hofeigene Brüterei. „Wir klauen den Gänsen jeden Morgen das Ei aus dem Nest", sagt Iris Tapphorn. Das ist möglich, weil die Gans fleißig nachlegt. Aus den geklauten Eiern schlüpfen Küken, an manchen Wochenenden bis zu 8000, von denen nur ein kleiner Teil auf dem Hof bleibt. Alle anderen werden an andere Mäster geliefert. Die, die auf dem Hof bleiben, werden geschlachtet. Entweder an drei Wochenenden im Oktober, dann kommen sie als „Martinsgans" auf den Tisch. Oder im Dezember, dann werden sie als klassische Weihnachtsgans verkauft, mit Rezeptideen, Gewürzmischung und Bratschlauch als „Rundum-Sorglos-Paket".

Auslauf für alle

Bevor die Gans ihr Leben lässt, lässt sie Federn. Die von 22 Gänsen füllen im Schnitt ein Bett. Wobei die Betten, die im Hofladen angeboten werden, unterschiedlicher kaum sein könnten, von der leichten Sommerbettdecke bis hin zum kuscheligen Winterbett. Und dann ist da ja noch der „Schnatterschnaps". Der wird aus den Eiern von jungen Tieren gewonnen, die in einer Brennerei in Münster mit Emmerschnaps angereichert werden. Das Ergebnis hat ein paar Prozente mehr als ein gewöhnlicher Eierlikör, immerhin 20, um genau zu sein. Darum wird er auch gern mit Sekt und zerstoßenen Himbeeren zu einem Cocktail verdünnt.

„Schnatterschnaps"

Lage: Der Gänsehof Tapphorn liegt etwa drei Kilometer südwestlich vom Zentrum Lohnes, das etwa zehn Kilometer südlich von Vechta zu finden ist.

Info

Adresse: Klünpott 7, 49393 Lohne

Aktivitäten:

- Führungen: nach Anmeldung, außer in der Zeit von Mitte November bis Ende Januar. Dauer etwa 60 bis 90 Minuten. Die gesetzlich vorgeschriebene Schutzkleidung kann vor Ort erworben werden. *gaensehof-tapphorn.de/inges-hofladen/hoffuehrungen*

Website: *gaensehof-tapphorn.de*

35 Industrie Museum Lohne

200 JAHRE WECHSELVOLLE INDUSTRIEGESCHICHTE

Bei einer Fahrt auf der A1 fällt dem aufmerksamen Autofahrer in Höhe der Abfahrt Lohne/Dinklage ein großes braun-weißes Schild mit der Aufschrift „Industrie Museum Lohne" ins Auge. Das, was die Besucher dieses Museums auf drei Etagen über die Spezialisierung von Handwerk und Industrie in Lohne erfahren, lässt sie die Stadt mit anderen Augen sehen.

Am Anfang war ein Naturprodukt: die Feder. Keine normale Feder, sondern eine, die sich wegen ihrer besonderen Härte großer Beliebtheit als Schreibgerät erfreute. Den Rohstoff lieferten Gänse, sie schnatterten quasi vor der Haustür. Mitte des 19. Jahrhunderts erreichte die Herstellung ihren Höhepunkt, das Schreibgerät war ein echter Exportschlager. Der Gedanke, dass das eine oder andere große Werk eines Schriftstellers zu jener Zeit mit einer Feder aus Lohne zu Papier gebracht wurde, ist keineswegs abwegig. Erst Stahlfedern aus dem Königreich England verdrängten das Lohner Naturprodukt vom Markt.

Industrie Museum Lohne

Zum ersten Mal sahen sich die Lohner vor die Herausforderung gestellt, einen Wandel zu bewältigen. Mitunter ist in diesem Zusammenhang vom „Lohner Wind" die Rede, womit die Fähigkeit gemeint ist, sich mit frischen Ideen und anderen Produkten immer wieder neu am Markt zu positionieren. An die Stelle der Feder trat der Tabak. Priemtabak, getränkt in einem Sud aus Wasser, Sirup, Pottasche, Franzbranntwein und Spiritus, um nur

Früher wurden in Lohne Zigarren gerollt ...

ein paar Zutaten zu nennen, galt manchen sogar als probates Mittel gegen Zahnschmerzen. Und auch die Zigarrenherstellung florierte. Die Firma F. A. Clodius war die größte ihrer Art im Großherzogtum Oldenburg. Im Museum steht ein langer Tisch, an dem früher zu beiden Seiten Arbeiter saßen, darunter viele Heuerleute, und Tabakblätter rollten, bis zu 14 Stunden am Tag. Für nicht wenige war es eine Alternative zur Auswanderung.

... und Pinsel produziert ...

Ab etwa 1860 etablierte sich eine weitere „Spezialindustrie": die Pinsel- und Bürstenherstellung. Wieder kam der Rohstoff aus der näheren Umgebung, damals verdiente das Borstenvieh seinen Namen noch. Der Vorteil der Borste: Sie hatte Spliss, der

Maler hatte also stets einen feinen Strich. Auch die Pinsel- und Bürstenfabrikation war überwiegend Handarbeit.

Wichtiger noch für Lohne war die Korkverarbeitung. 1842 wurden hier die ersten Korken geschnitten. Den Umgang mit dem Messer beherrschten die Lohner, das hatten sie bei der Verarbeitung von Federn und Tabak bereits unter Beweis gestellt. Nun also Kork. Immer mehr Wein-, Likör-, Sekt- und auch Arzneiflaschen

... und Pinselköpfe geklopft ...

benötigten einen anständigen Verschluss – und der kam immer öfter aus Lohne. Gegen Ende des 19. Jahrhunderts war Lohne das Zentrum der deutschen Korkverarbeitung.

... und Korken hergestellt

Fuldamobil

Doch dann, im Zweiten Weltkrieg, blieben die Rohstoffe aus. Es war Hans-Joachim Taphorn, der spätere Präsident der Industrie- und Handelskammer Oldenburg, der das Potenzial von Korken mit Kunststoffkappe erkannte. Sein Betrieb war der erste im Oldenburger Land, der Griffkorken produzierte, die auf Flaschen von Herstellern wie Asbach, Eckes, Dujardin, Verpoorten, Pott oder Scharlachberg landeten. Den Griffkorken folgten unzählige andere Kunststoffprodukte, vom Verschluss der Maggi-Flasche über Lippenstifthülsen und Feuerwehrhelme bis hin zu diversen Bauteilen für Autos. Wenn es um Zylinderkopfhauben, Pflanztöpfe, Folien und Verpackungen geht, spielen Firmen aus Lohne auch heute noch ganz vorn mit. Oder, um es mit einem Leitspruch des Museums zu sagen: „Fast jeder in Deutschland hat ein Stückchen Lohne zu Hause".

Info

Lage: Das Industrie Museum Lohne liegt im Zentrum Lohnes.

Adresse: Küstermeyerstraße 20, 49393 Lohne

Aktivitäten:

- Führungen: Angebote für Gruppen nach Absprache, zum Beispiel „Von der Feder zum Kunststoff" oder „Industriegeschichte – hautnah erleben"
- Fuldamobil: Kleinwagen der „Nordwestdeutschen Fahrzeugbau". 701 „NWF 200" wurden 1954/55 im Zweigwerk Lohne produziert. Ein schmuckes Exemplar steht im ersten Obergeschoss des Museums.
- Galerie Luzie Uptmoor: Dokumentiert im Industrie Museum das Lebenswerk der Lohner Malerin (1899-1984), die immer wieder Menschen ihrer Heimatstadt porträtierte, aber auch – wie ihr Vorbild Paula Modersohn-Becker – häufiger in Frankreich weilte. Mehrere Wechselausstellungen im Jahr. Bislang einziger „frauenORT" im Oldenburger Münsterland, einer Initiative des Landesfrauenrates Niedersachsen.

Website: *industriemuseum-lohne.de*

36 Via Baltica

PILGERN AUF DER KURZSTRECKE

Jakobsweg? Den gibt's nur in Spanien? Von wegen – einen Jakobsweg gibt es auch in der Norddeutschen Tiefebene. Er verläuft quer durch das Oldenburger Münsterland, durch Geest, Wald und am Rande großer Moore entlang. Und er eignet sich sogar für eine mehrtägige Auszeit.

Nein, man muss nicht nach Spanien, um auf dem Jakobsweg zu pilgern. Denn es gibt ja die Via Baltica, wie der Baltisch-Westfälische Jakobsweg auch genannt wird. Die Via Baltica ist eine Art Zubringer. Sie beginnt auf der Insel Usedom und endet in Osnabrück. Ab Wildeshausen folgt sie dem Pickerweg, einem alten Handels- und Heerweg. Das Schöne ist: Hier geht es deutlich ruhiger zu als auf der Hauptverkehrsachse in Spanien.

Pilger unterwegs

Im Kirchdorf Lutten bekommt man eine genauere Vorstellung vom Namensgeber des Jakobsweges. Denn der Heilige Jakobus ist hier Kirchenpatron. Sein Bildnis ziert das Fenster über dem Hauptportal, eine Statue das Innere. So also sah er aus: die Jakobsmuschel am breitkrempigen Hut, eine Kalebasse für Wasser am Gürtel, die eine Hand auf dem Jakobskreuz, die andere mit einer Schriftrolle, als Zeichen dafür, dass er Verkünder des Evangeliums war. Auch die Apotheke in Lutten ist nach dem Apostel benannt – falls mal jemand ein Blasenpflaster braucht.

Heiliger Jakobus in Lutten

Wegekreuze allerorten

Hinter Vechta verläuft der Weg am Rande ausgedehnter Moore fast schnurgerade gen Süden. Hof- und Wegekreuze säumen die Strecke, sichtbare Zeichen gelebten Glaubens. Dann, nur wenige Kilometer weiter, ein komplett anderes Landschaftsbild: die Dammer Schweiz. Dass die Dammer Schweiz, heute ein dichter Wald, bis Mitte des 19. Jahrhunderts eine baumlose Fläche war, eine Allmende, ist kaum mehr vorstellbar. Hier sind, ungewohnt genug für hiesige Breiten, sogar einige Höhenmeter zu überwinden. Der Lohn sind weite Ausblicke, zum Beispiel über den Dümmer (siehe Tipp 44). Ein Bergsee erinnert an jene Zeiten, in denen sich in Damme das nördlichste Eisenerzbergwerk Deutschlands befand (siehe Tipp 46). Nicht minder reizvoll: das Bexaddetal (siehe Tipp 49). Insgesamt benötigt man für die Kurzstrecke durch das Oldenburger Münsterland drei bis vier Tage.

Frühlingsidyll in den Dammer Bergen

Café Gut Füchtel in Vechta

Markierung: Der Weg ist markiert mit einer gelben Jakobsmuschel auf blauem Grund.

Info

Pilgerpass: Rechtzeitig online beantragen beim Freundeskreis der Jakobswege in Norddeutschland, *jakobswege-norddeutschland.de*. Den begehrten Stempel gibt es im Rathaus von Visbek, in der Kirche in Lutten, bei der Tourist-Info in Vechta und auf dem Eschhof Göttke-Krogmann in Lohne-Kroge (siehe Tipp 37).

Übernachten:
- Eschhof Kroge: Diepholzer Straße 21, 49393 Lohne-Kroge, *eschpark.de*
- Jugendherberge Damme: Neuer Jugendherbergsweg 2, 49401 Damme, *jugendherberge.de/jugendherbergen/damme*
- Hotel Café Wahlde: familiengeführte Pension; Wahlde 4, 49434 Neuenkirchen-Vörden, *wahlde.de*

37 Eschpark Kroge

EINTAUCHEN IN EINE ALTE KULTURLANDSCHAFT

Er liegt direkt an der Via Baltica, dem baltisch-westfälischen Jakobsweg (siehe Tipp 36): der Hof Göttke-Krogmann in Kroge-Ehrendorf. 1498 wurde er erstmals erwähnt. Pilger, Naturfreunde und andere Interessierte können sich hier ein Bild davon verschaffen, wie unsere Kulturlandschaft in früheren Zeiten ausgesehen hat. Und auf Wunsch auch nächtigen.

Vielfältiges Grün à la Jürgen Göttke-Krogmann

Das Bett für müde Pilger steht in einem ehemaligen Stall. 2013 wurde aus ihm eine Herberge und Begegnungsstätte, EU-Fördermitteln sei Dank. Auf einem Tisch im Tagungsraum liegt ein Buch: „Wildes Land" von Isabella Tree. Es ist die reale Geschichte eines Pärchens, das ein Gut in England erbt und das intensiv bewirtschaftete Agrar- und Weideland nach und nach renaturiert. Und das Landgut so zu dem „mit der höchsten Biodiversität von ganz England" macht, erzählt Jürgen Göttke-Krogmann. Es ist eine Geschichte, die den Landschaftspfleger beeindruckt hat. Ein bisschen ist es auch seine Geschichte, denn die „extensive Grünlandbewirtschaftung" liegt auch ihm am Herzen – er will „nicht nur Lebensmittel, sondern auch Landschaftsvielfalt produzieren".

Eine Ahnung von dieser Vielfalt bekommt man beim Betrachten der Gemälde, die an der Wand im Tagungsraum hängen. Es sind Gemälde „aus einer Zeit, als es noch keine Trecker gab", zum Beispiel von Emmy Meyer, die zur ersten Generation der Künstlerkolonie Worpswede zählte. Sie zeigen norddeutsche Landschaften in früheren Zeiten, darunter die „halboffene Weidelandschaft", die einst so typisch für die Region war. Es sind genau diese Landschaftseindrücke, die Jürgen Göttke-Krogmann mit dem Eschpark auf seinem Hof vermitteln will.

Baumreihen gliedern die Landschaft

Und er möchte ein Bewusstsein dafür wecken, dass es Acker-
bauern waren, die die Geestlandschaft mit ihren kargen Sandböden geprägt haben. Um zu demonstrieren, wie diese Landschaft
historisch gewachsen ist, treibt der zertifizierte Natur- und Land-
schaftsführer bei Führungen mit einem dicken Hammer einen
Bohrstock in eine Ackerfläche. Das Bodenprofil macht deutlich:

Tief verwurzelt

„80 Zentimeter Mutterboden" sind hier
über die Jahrhunderte zusammen-
gekommen, ein Ergebnis der Plaggen-
wirtschaft, bei der unsere Vorfahren
Plaggen aus der Heide mit dem Mist der
Tiere mischten und dann als Kompost
auf ihren Feldern ausbrachten. Mit jeder
Plaggendüngung wuchs die Flur, wenn
auch langsam, etwa um einen Millime-
ter pro Jahr. Der Boden in Kroge-Ehrendorf ist also in rund 800 Jahren aufgeschichtet worden, das Werk von vielen
Generationen.

„Das Brotgetreide des Landvolkes war
Roggen", sagt Göttke-Krogmann. Es gab
keine Drei-Felder-Wirtschaft, sondern

nur „Roggen auf Roggen auf Roggen". So ging das jahraus, jahrein, bis gegen Ende des 19. Jahrhunderts der Kunstdünger auf den Markt kam. „Da hatte die Plackerei ein Ende." Heute verweisen oft nur noch die Namen von Straßen oder Siedlungen darauf, wo sich einst ein Plaggenesch befand.

Wer den Eschpark von Göttke-Krogmann besucht, bekommt eine Vorstellung vom ehemaligen Landschaftsmosaik. Keine großen Flächen für große Maschinen, sondern altes Grünland, getrennt durch Hecken, Wälle und einen Bach, mit freistehenden Bäumen, die sich in Ruhe zu kapitalen Eichen oder Eschen entwickeln dürfen. Es ist eine Umgebung, in der sich auch Singvögel wohlfühlen. 42 Arten und 220 Brutreviere habe ein Ornithologe mal gezählt und geradezu geschwärmt von „mit der höchsten Siedlungsdichte, die er erlebt" habe, vergleichbar vielleicht noch mit englischen Parklandschaften, sagt Göttke-Krogmann.

Lage: Der Eschpark liegt etwa fünf Kilometer südlich von Lohne in Kroge. Von Lohne nach Vechta sind es zehn Kilometer in nördlicher Richtung.

Info

Adresse: Diepholzer Straße 21, 49393 Lohne

Aktivitäten:
- „Geführte Spaziergänge durch Grünland, Wald und Flur" sowie Radtouren
- Große Kunst: Auf dem Hof gibt es eine Reihe von Kunstwerken, darunter eine windschief anmutende Skulptur am Rande des Weges Richtung Südlohner Moor: die „Windegge" von Klaus Meier-Warneboldt, einem Künstler aus Hannover. Sie ist sechs Meter hoch und aus dicken Eichenholz-Balken, an denen sich, so wollte es der Hofbesitzer, die Weidetiere „schubbern können".

Website: *eschpark.de*

38 Schweger Mühle und Getreidegarten

VOM KORN ZUM BROT

Die Schweger Mühle am südwestlichen Ortsrand von Dinklage ist die einzige Mühle im Landkreis Vechta, in der mit Windkraft gemahlen werden kann. Im Backhaus gleich nebenan wird auch heute noch Brot gebacken. Und wo das Korn wächst, kann man sich ebenfalls ansehen – in einem ganz besonderen Getreidegarten.

Will man die Geschichte vom Korn zum Brot chronologisch erzählen, dann muss man mit dem Getreidegarten von Paul Arlinghaus beginnen. Im langen Schatten der Schweger Mühle hat der Landwirt unter anderem viele alte Arten angepflanzt, die heute teils kaum mehr bekannt sind. Zum Beispiel Einkorn, Dinkel, Emmer oder auch Gommer, „uralte Vorstufen des Weizens". Und natürlich Buchweizen, auch wenn das kein Getreide ist, sondern ein Knöterichgewächs. Buchweizen gilt als anspruchslos und wurde deshalb früher auch gern von Moorbauern angepflanzt.

Paul Arlinghaus

Haferähre

Der Getreidegarten ist etwa zehn Meter breit und 30 Meter lang. Und er ist dreigeteilt. Auf zwei kleinen Feldern gedeihen zum einen Wintergetreide und zum anderen Sommergetreide mit Hirsearten, Amaranth oder Quinoa. Der schönste Anblick – zumindest für Nicht-Landwirte – ist das dritte Feld. Hier hat Arlinghaus der Natur freien Lauf gelassen. „Ein Ackerbauer würde vielleicht sagen: Das ist Unkraut. Für mich ist das ein

Kornblumen-Gast

wunderschönes Blumenfeld." Knapp 20 verschiedene Pflanzen hat er gezählt, Kornblume und Klatschmohn natürlich, aber auch

Vorn der Getreidegarten, hinten die Schweger Mühle. Und mittendrin: Paul Arlinghaus

Hundekamille, Windenknöterich und Weißen Gänsefuß. Wenn nicht gerade ein Sturm alles vorzeitig zunichte macht, dann bleibt diese Pracht bis in den September hinein erhalten.

Wer wissen will, wie es mit dem Getreide früher nach der Ernte weiterging, der muss die Schweger Mühle sonntags besuchen. Seit 1960 betreut der Heimatverein „Herrlichkeit Dinklage"

die 1848/49 erbaute Mühle, seit 2004 sorgt ein Freundeskreis für Leben rundherum. „Denn was nützt ein Denkmal, wenn es nicht genutzt und bewegt wird", sagt Arlinghaus. Also setzen sie immer sonntags die mächtigen Flügel in Gang und demonstrieren, wie das Korn gemahlen wurde. Das Herz der Mühle schlägt in der zweiten Etage. Hier greifen die großen hölzernen Zahnräder des Mühlengetriebes ineinander, hier verrichten zentner-

Mühlengetriebe

schwere Mahlsteine ihr Werk. Womit wir beim Mehl wären.

Gleich neben der Mühle liegt das Backhaus. „Von 1870 bis 1955 ist hier gewaltig viel Schwarzbrot gebacken worden, nach dem Zweiten Weltkrieg bis zu 5000 Pfund in der Woche", erzählt Arlinghaus. Die ganze Umgebung wurde mit Schwarzbrot beliefert, den sogenannten 20-Pfündern. Die Bauern konnten Korn bringen und Schwarzbrot wieder mitnehmen. „Für 100 Pfund Roggen bekam man 120 Pfund Schwarzbrot." Auch heute noch wird hier gebacken, allerdings nur an besonderen Tagen. Schwarzbrot verlässt nur noch zu Ostern den alten Steinofen. Aber auch die anderen Brotsorten finden dankbare Abnehmer, vom ofenfrischen Butterkuchen ganz zu schweigen.

Hier hat die Natur freien Lauf

In den Sommermonaten ist das gesamte Ensemble – Getreidegarten, Mühle und Backhaus – ein beliebter außerschulischer Lernort für Dutzende von Schulklassen, lauter Dritt- und Viertklässler, bei denen das Thema auf dem Lehrplan steht. Da werden Regenwürmer im Ackerboden gesucht und die Körner einer Ähre gezählt. Und in der Mühle dürfen die Kinder mit Handmühlen Korn mahlen und den Sackaufzug benutzen. Das Thema „Vom Korn zum Brot" wird so zu einem Erlebnis. Aber auch Familien mit Kindern und andere Besuchergruppen sind gern gesehene Gäste.

Lage: Dinklage liegt etwa 15 Kilometer südwestlich von Vechta. Die Mühle befindet sich am südwestlichen Ortsausgang. Der Getreidegarten liegt nur wenige Meter entfernt an der Straße, die hinter der Mühle abzweigt.

Adresse: Schwege 24, 49413 Dinklage

Aktivitäten:
- Führungen: für Gruppen und Schulklassen nach vorheriger Anmeldung, auf Wunsch auch in plattdeutscher Sprache

Einkehr:
- Bussjans Hof: Gleich neben der Mühle kann man sich hier im Café an ausgewählten Sonntagen vormittags mit einem „Bauernfrühstück" stärken (nur nach Reservierung). Nicht minder nahrhaft sind Schwarzbrottorte oder Buchweizentorte – immer sonntagnachmittags; Schweger Straße 17, 49413 Dinklage, *bussjans-hof.de*

Übernachten: Vier Ferienwohnungen in einem Gästehaus auf „Bussjans Hof", *bussjans-hof.de*

Website: *schweger-muehle.de*

HINWEIS: Radfahrer, die auf der Boxenstopp-Route oder der 3-Seen-Route unterwegs sind, kommen automatisch an der Mühle vorbei. Wer sich nach dem Knotenpunktsystem orientiert: Die Mühle liegt direkt neben der 30.

39 Wildpark im Burgwald Dinklage

HEIMAT FÜR HIRSCH UND HIRSCHKÄFER

Der Burgwald Dinklage zählt – wie die Thülsfelder Talsperre oder die Dammer Berge – zu den „bedeutsamen Landschaften" in Niedersachsen. So steht es in einem Gutachten des Bundesamtes für Naturschutz. Mittendrin in diesem Burgwald: der Wildpark Dinklage. Unter alten Buchen und Eichen lässt sich hier unter anderem Damwild aus nächster Nähe beobachten.

Mal ruht das Damwild im Unterholz ...

Für viele Menschen im Raum Dinklage gehört der Besuch des Wildparks im Burgwald zu den angenehmen Kindheitserinnerungen. 1968 wurde der Wildpark von der Familie von Galen gegründet. Bis in die späten 1980er-Jahre gab es hier eine der größten Hirschsammlungen Deutschlands mit zeitweise 17 verschiedenen Arten, unter anderem aus Indien und Nordamerika. In weiteren Gehegen wurden Wildschweine, Fasane und Enten gehalten. 1990 wurde der Park von der Vila Vita-Gruppe übernommen, die das Burghotel

... mal kreuzt es den Weg

in Dinklage betreibt. Die Gehege verschwanden. Der Wildpark blieb allerdings ein Zuhause für Damwild. Und ein Mitarbeiter des Hotels kümmerte sich um die Tiere: Simon Helmes.

Auf der Burgwald-Route ...

... ist Verlaufen fast unmöglich

Nach 17 Jahren fand Helmes einen neuen Arbeitgeber: die Stadt Dinklage. Denn die erwarb 2023 das 27 Hektar große Areal zu einem symbolischen Preis vom Hotel. Helmes darf sich nun offiziell „Stadtförster" nennen. „Spätestens seit 1726 wird Damwild in Dinklage gehalten", sagt Helmes. Damals wurden die Tiere gejagt, „ein Prestigeding", so der Stadtförster. Heute nähert sich der Besucher des Wildparks dem Damwild deutlich friedfertiger, entweder allein während der Öffnungszeiten oder auch bei einer Führung mit Helmes. Unentwegt suchen die Augen den Wald ab – und meistens entdeckt man auch ein paar Tiere. Mal kreuzen sie den Weg, mal ruhen sie im Unterholz. Gegen Abend sieht man sogar ganze Gruppen auf den freien Flächen. „Das sind keine zahmen Tiere, sondern an Menschen gewöhnte Wildtiere", sagt Helmes. In der freien Natur halten sie meist einen größeren Abstand.

Die Tiere sind gesellig und leben nach Geschlechtern getrennt in Rudeln. Die Weibchen sind geweihlos, die Männchen haben Schaufeln, die sie im April abwerfen. Bis September wächst das Geweih dann wieder nach. Dabei wird es von Jahr zu Jahr größer. Zum Einsatz kommt dieses Geweih bei den Kämpfen in der Brunftzeit, die bei gleich starken Hirschen nicht selten mit dem Tod eines der beiden Konkurrenten enden. Insgesamt dürfen im Wildpark bis zu 35 erwachsene Hirsche plus Kälber gehalten werden. Wären es mehr, würde der Baumbestand leiden. Der bietet auch zahlreichen anderen Tierarten, darunter Eulen, Spechte und Hirschkäfer, einen Lebensraum.

Für Eltern mit kleineren Kindern ist sicher der Streichelzoo mit seinen Minischweinen, Ziegen, Schafen und Hühnern erste Anlaufstation. Auf dem Weg dorthin dürften die Fotos von Theo Wilke zumindest das Interesse der Eltern finden. Dank einer Leica R4, eines Nikon-

Dauergast im Streichelzoo

Spezialobjektivs und einer großen Geduld gelangen dem Dinklager Fotografen beeindruckende Aufnahmen von der heimischen Tierwelt. Eine kleine Auswahl wird in einer Open-Air-Ausstellung präsentiert. Ihr Titel: „Fotopirsch".

Lage: Der Wildpark liegt am südöstlichen Rand von Dinklage. Dinklage liegt etwa 15 Kilometer südwestlich von Vechta.

Info

Adresse: Burgallee 1b, 49413 Dinklage

Aktivitäten:
- Burgwald-Route: Der Rundweg verläuft überwiegend durch das Naturschutzgebiet „Burgwald Dinklage" und führt unter anderem am Kloster Burg Dinklage und am Wildpark vorbei. Die längere Variante ist 5,1 Kilometer lang, die kürzere 4,1 Kilometer.

Einkehr:
- Klostercafé: vor den Toren der Burg Dinklage. Klassiker hier: Klostertorte und Buchweizentorte; Burgallee 3, 49413 Dinklage, *abteiburgdinklage.eu/laden-und-cafe*

Website: *wildpark-dinklage.de*

Erholungsgebiet
Dammer Berge

Heidesee Holdorf

Erholungsgebiet Dammer Berge

40 Kardinalsweg

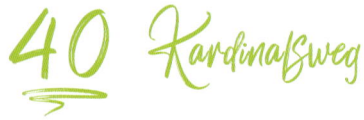

ES WANDERN DIE GEDANKEN

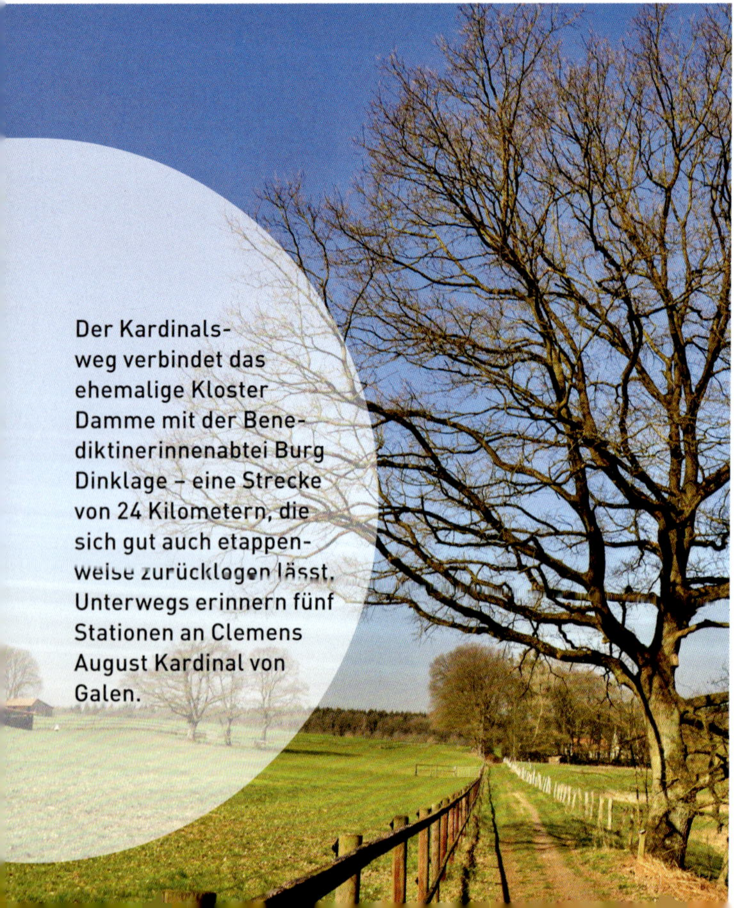

Der Kardinalsweg verbindet das ehemalige Kloster Damme mit der Benediktinerinnenabtei Burg Dinklage – eine Strecke von 24 Kilometern, die sich gut auch etappenweise zurücklegen lässt. Unterwegs erinnern fünf Stationen an Clemens August Kardinal von Galen.

Am Anfang muss man sich entscheiden: Pilgert man von Damme nach Dinklage oder von Dinklage nach Damme? Wir beginnen beim ehemaligen Kloster Damme. Gleich am Anfang steht die erste von fünf eisernen Stelen. „Mutig sein" lautet die Inschrift, eine der Tugenden, die Clemens August Kardinal von Galen, dem Namensgeber des Weges, zugeschrieben werden. Von 1933 bis 1946 war von Galen Bischof von Münster. „Er wird nicht umsonst Löwe von Münster genannt", sagt Jos Houben, ein Salvatorianer-Pater, der wiederholt Pilgergruppen begleitet hat. Für ihn war von Galen „ein Kirchenmann, der den Mund aufgemacht hat in der NS-Zeit, der seinen Mann gestanden hat in einer schwierigen Zeit". Bereits in seinem ersten Osterhirtenbrief vom 26. März 1934 beklagte von Galen das „Neuheidentum" und „eine brutale Gewalt, die jedes Recht mit Füßen tritt". Spätestens 1941 nahm man auch international von ihm Notiz, als er gegen die Vertreibung von Ordensleuten aus Klöstern und

gegen die Euthanasiemorde predigte. Vermutlich schützten ihn nur seine Beliebtheit in der Bevölkerung und sein Ansehen im In- und Ausland vor Sanktionen. Dass er zur Judenverfolgung schwieg, trug ihm allerdings auch Vorwürfe ein, auch schon vor seiner Seligsprechung durch den Papst 2005.

Der Weg, der heute an den Kardinal erinnert, kennt einige Aufs und Abs. Wir durchqueren einen schattigen Wald und die Bauerschaft Grandorf, rasten bei der Waldkapelle in Holdorf und nähern uns dann fast im Zickzackkurs der Schweger Mühle

Burggraben ...

... und Burgkapelle Dinklage

am südlichen Ortsrand von Dinklage. „Die Region Dammer Berge ist wunderschön", sagt Houben, „es gibt aber auch Abschnitte, das sind wirkliche Durststrecken." Wenn es dann mal wieder längere Zeit immer geradeaus geht, dann wandern auch die Gedanken. Pilgern ist etwas anderes als Wandern, sagt Houben. „Es ist ein Weg in sich selbst hinein. Wir versuchen, die Leute aus dem Alltag herauszunehmen. Damit sie sich wieder selbst in den Blick nehmen."

Bei der Burg Dinklage werden Gruppen von Ulrike Soegtrop empfangen. Schwester Ulrike, wie sie hier nur genannt wird, ist eine von rund 20 Benediktinerinnen auf Burg Dinklage. Hier wurde von Galen am 16. März 1878 geboren, als elftes von 13 Kindern. Er selbst sprach von „einer paradiesähnlichen Heimat", sagt Schwester Ulrike. Im Backhaus der Burg können sich Besucher eingehender mit der Vita des Kardinals beschäftigen. In der Burgmühle gleich daneben wird der Bogen zur Gegenwart geschlagen. Hier lau-

Anhöhe bei Damme, rund 90 Meter über Normalnull

tet die zentrale Frage: „Was braucht heute Mut?" Wenn sie ein wenig Zeit hat, dann begleitet Schwester Ulrike Gruppen auch in die Burgkapelle, in der von Galen seine erste Heilige Messe feierte und in der seine Angehörigen bestattet sind. Für Schwester Ulrike ist es „der Raum, wo man dem Kardinal am nächsten ist."

Abtei der Benediktinerinnen

 Info

Lage: Damme liegt etwa 25 Kilometer südwestlich von Vechta und etwa 20 Kilometer südöstlich von Dinklage.

Adresse: ehemaliges Kloster Damme, Benediktstraße 19, 49401 Damme, oder Benediktinerinnenabtei St. Scholastika, Burgallee 3, 49413 Dinklage

Einkehr:
- Klostercafé: Wenn das Klostercafé in Dinklage geöffnet hat, führt kein Weg an der leckeren Klostertorte vorbei; Burgallee 3, 49413 Dinklage, *abteiburgdinklage.eu/laden-und-cafe*

Aktivitäten:
- Geführte Touren: Für Gruppen werden sowohl Ganztagstouren von Damme nach Dinklage als auch Halbtagstouren von Damme nach Holdorf und von Holdorf nach Dinklage angeboten. Bildungswerk Dammer Berge (*bw-dammer-berge.de*) oder Tourist-Information (*dammer-berge.de*).

Websites:
- *dammer-berge.de*
- *oldenburger-muensterland.de/freizeit-urlaub/entdecken/touren/kardinalsweg/9057*

41 Heidesee Holdorf

KURZ MAL ABTAUCHEN

Die einen schwimmen, die anderen plantschen und wieder andere liegen einfach nur am Strand in der Sonne – auf den ersten Blick ist der Heidesee in Holdorf ein ganz gewöhnlicher Badesee. Wären da nicht hin und wieder Menschen, die sich im Neoprenanzug dem Wasser nähern, um für eine Weile abzutauchen. Mal sind es Taucher aus Bielefeld, mal Mitglieder der DLRG. Der Heidesee bietet ihnen die in hiesigen Gefilden eher seltene Gelegenheit, ihrem Hobby nachzugehen oder für den Tauchschein zu üben. Ohne den darf man nicht abtauchen zu dem Schiffs- und dem Autowrack, die auf dem Grund des Sees ruhen. Hier lohnt sich die Sache, denn mit bis zu 14 Metern ist der Heidesee tiefer als viele andere Gewässer.

Das Wasser ist so klar, „dass man annähernd von Trinkwasserqualität reden kann", sagt Wolfgang Krug, der Bürgermeister von Holdorf. Denn der Heidesee ist ein Grundwassersee, der nicht durch Bäche gespeist wird. „Naherholung pur" verspricht denn auch Krug, zumal für Familien, dank einer „schönen Flachwasserzone".

Der Hartensbergsee in Goldenstedt, der Harkebrügger See in Barßel, der Heidesee in Holdorf – lauter wohlklingende Namen in den Ohren von Wohnmobilisten. Wobei der Heidesee auch all jene Menschen aufhorchen lässt, die gern mal für einen Moment abtauchen. Und zwar im wahrsten Sinne des Wortes.

Die DLRG wacht darüber, dass niemand verlorengeht, in den Sommerferien sogar durchgängig. Neben dem See können Kinder auch dem hölzernen Schiffswrack am Ufer einiges abgewinnen. Kein Wunder also, dass in der Saison von Mai bis September bis zu 80.000 Gäste gezählt werden – das weiß man so genau, weil Eintritt erhoben wird.

Abends kehrt Ruhe ein

Entstanden ist der See Mitte der 1960er-Jahre im Zuge des Autobahnbaus. Der Sand, der hier entnommen wurde, befindet sich heute unter der „Hansalinie". An der lenken seit drei Jahren braune Schilder oder „touristische Unterrichtungstafeln", wie sie im Amtsdeutsch heißen, die Aufmerksamkeit der Autofahrer auf den Heidesee – mit der Folge, dass auch immer mehr Wohnmobilisten den Blinker setzen, denn der Stellplatz ist gleich neben dem See.

Lage: Holdorf liegt etwa 20 Kilometer südwestlich von Vechta; der See liegt nur drei Autominuten von der A1 entfernt.

Adresse: Zum Heidesee 46, 49451 Holdorf

Website: *heidesee-holdorf.de*

Info

DIE GRÖSSTE BEERE DER WELT

Vor allem zu Halloween sind sie sehr gefragt: Kürbisse. Massenhaft werden sie ausgehöhlt und geschnitzt. Dabei kann man aus der größten Beere der Welt viel mehr machen als nur Fratzen, wie man auf dem Kürbishof Pöhlking erfährt.

Ja, richtig gelesen: Der Kürbis ist eine Beere, denn die Kerne liegen im Fruchtfleisch. Noch dazu eine sehr gesunde Beere. Und auch in unseren Breiten reift die Riesenbeere heran, zum Beispiel auf dem Kürbishof Pöhlking in Steinfeld, genauer: auf einem zwei

Josef Pöhlking mit Hanomag ...

Hektar großen Feld in der Bauerschaft Harpendorf-Düpe. Kürbisse brauchen einen sandigen Boden, der sich schnell erwärmt, erzählt Josef Pöhlking. „Der Kürbis liebt Wärme, dann kriegt er Farbe, erst gelb, dann knallorange." Erntezeit ist von Mitte August bis Ende Oktober. Alles, was Josef Pöhlking in dieser Zeit vom Feld holt, landet in einer großen Scheune.

... und Halloween-Kürbis

Rund 1000 Kürbissorten gibt es weltweit, etwa 140 davon findet man bei Petra Pöhlking im Hofladen. Es gibt eine Deko-Abteilung mit Zierkürbissen, zum Teil bemalt oder mit einer Gravur versehen. Und es gibt eine Abteilung Speisekürbisse, unter anderem mit dem Hokkaido („den kennt jeder"), dem Butternusskürbis („sehr ertragreich"), dem Eichelkürbis („ein guter Kartoffelersatz") und dem Muskatkürbis („in Paris liegt der vor den Restaurants"). Alle sind sie bestens geeignet für Aufläufe oder auch für den Grill, sagt Petra Pöhlking. Daneben liegen nicht ganz so bekannte Sorten wie der Mikrowellenkürbis, der tatsächlich so heißt und ruck, zuck zubereitet ist, „wenn man Gäste hat und ein bisschen angeben will": einfach aufschneiden, Kerne raus, Reis, Risotto oder Hackfleisch rein und alles für etwa 20 Minuten in die Mikrowelle oder Heißluftfritteuse – fertig. Der leicht süßliche Geschmack begeistert jede Partyrunde, ist Pöhlking überzeugt.

Anfangs waren die Kürbisse nicht mehr als ein Hobby, erinnert sich die quirlige Frau. Irgendwann hat sie eine Tüte mit Samen von Schlingpflanzen gekauft, darunter auch ein Kürbis, und mit ihren Kindern ausgesät. Im Herbst konnte sie dann „pickelige Birnen" ernten und kleine Figuren daraus basteln. Im Jahr darauf

Kürbis-Expertin Petra Pöhlking

hat sie zwei Tüten Zierkürbisse im Gemüsebeet ausgebracht. Die wuchsen an den benachbarten Fichten in die Höhe. Der Schwiegervater, ein passionierter Jäger, durfte sie herunterschießen. Wieder ein Jahr später hat sie die ersten Kürbisse verkauft. Da haben sich die Landwirte in der Nachbarschaft noch amüsiert. Dann kamen die ersten Kindergärten auf den Hof. Und Floristen, die sagten: „Ich brauche Deko". Schließlich klingelten so viele

Leute an der Haustür, dass ihr die Kürbisse ausgingen. „Da sagte mein Mann: Nächstes Jahr machen wir einen Hektar nur mit Kürbissen, ich ernte und du verkaufst." Sie druckten Plakate und Flyer, zogen über Märkte, besuchten Altenheime, bis so ziemlich jeder in der Gegend das neue Angebot kannte. Jetzt machen sie nur noch Hofverkauf.

Deko-Ware

Der Kürbis liegt im Trend. Weil er sich auf vielfältige Weise zubereiten lässt. Weil die Wirkstoffe im Fleisch und in den Kernen entzündungshemmend, harntreibend und entwässernd wirken. Und weil auch das Einkochen à la Oma wieder in Mode kommt. „Die Leute kehren zurück zum Ursprünglichen", glaubt Pöhlking. Und dann gibt es ja auch noch Halloween. Die Ursprünge des Festes liegen im katholischen Irland. Dort haben sie Rüben genommen „und Fratzen reingeschnitten, um die bösen Geister vor Allerheiligen zu vertreiben". Dann wanderten viele Iren nach Amerika aus. „Da hatten sie keine Rüben. Was haben sie genommen: Kürbisse."

Lage: Der Kürbishof liegt etwa zwei Kilometer westlich von Steinfeld und knapp 20 Kilometer südlich von Vechta.

Info

Adresse: Zur Mühle 4, 49439 Steinfeld

Aktivitäten:
- Kurse: Beim „Kürbisschnitzen" wird das Gewächshaus zur Bastelstube. Und beim „Dremelkurs" werden Kürbisse graviert. Der Dremel ist eine kleine Maschine, mit der man unter anderem bohren und schleifen kann.

Website: *kuerbishof-poehlking.de*

43 Seefahrerschule Mühlen

AUS DER NOT GEBOREN

„Vor 200 Jahren war hier die größte Armut", sagt Alfons Völkerding, Gästeführer aus Mühlen, der uns die Tür zur Seefahrerschule öffnet. Es waren vor allem die Söhne von Heuerleuten, kleinen Landwirten ohne Grund und Boden, die nicht wussten, wie sie ihre Familien über die Runden bringen sollten. Auswandern war eine Alternative, zur See fahren eine andere. Zu Fuß gingen sie in die Hafenorte an der Weser und heuerten an, manche für den Sommer, andere für immer. Um ihnen wenigstens ein bisschen theoretisches Rüstzeug mit auf den Weg zu geben, wandte sich der Dorfschullehrer Johann Henrich Rabe 1817 an die herzogliche Kammer in Oldenburg: Eine Navigationsschule in Mühlen sollte her. Dem Antrag wurde stattgegeben, allerdings musste Rabe noch „Kenntnisse im Fach Steuermannskunst" nachweisen. Nur wenige Wochen später bestand er seine Prüfung an einer Navigationsschule in Bremen. Die letzte Hürde war genommen, Bücher und Instrumente wurden angeschafft.

Weit entfernt von der Küste entstand 1817, in Zeiten großer Armut, die Seefahrerschule Mühlen. Es war die erste Einrichtung dieser Art im Oldenburger Land. Söhne von Heuerleuten lernten hier, wo Backbord ist und wo Steuerbord. Und was man sonst noch so braucht, um auf See nicht unterzugehen.

Die Sache hatte nur einen Haken: Die jungen Leute, die oft schon im Alter von 14 Jahren an

Bord gingen, hielten nicht viel von theoretischen Dingen. Oder sie konnten oder wollten das Schulgeld nicht aufbringen und lieber gleich ihre erste Heuer sehen. Jedenfalls musste die Seefahrerschule schon 1831, nach nur 14 Jahren, wieder schließen. Die Instrumente und Lehrbücher wurden nach Elsfleth gebracht – hier wurde 1832 eine neue Seefahrtsschule gegründet. Mühlen aber blieb ein Seefahrerort. Mitte des 19. Jahrhunderts kam etwa jeder zehnte Seefahrer des Herzogtums Oldenburg aus Mühlen und Umgebung, manch einer von ihnen ging auch auf Große Fahrt. An diese Episode regionaler Geschichte erinnert heute das kleine Museum, das in einer alten Feldscheune untergebracht ist.

Seefahrerschule

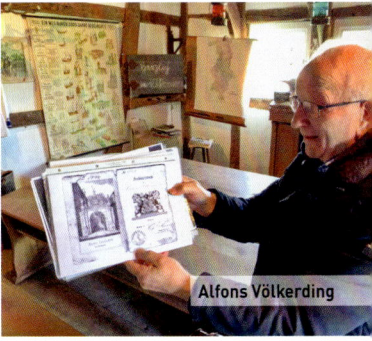
Alfons Völkerding

Lage: Die Seefahrerschule befindet sich in Mühlen, etwa vier Kilometer nördlich von Steinfeld und etwa 15 Kilometer südlich von Vechta.

Info

Adresse: Münsterlandstraße 13, 49439 Steinfeld

Einkehr:
- La BARaca Café & Biergarten: Münsterlandstraße 62, 49439 Steinfeld. Mit Auto oder Rad keine fünf Minuten von der Seefahrerschule entfernt.

44 Dümmer

IRGENDWAS GEHT IMMER

Der Dümmer ist der zweitgrößte Binnensee Niedersachsens und das Herzstück des gleichnamigen Naturparks. Im Sommer tummeln sich hier Radfahrer, Wanderer und Wassersportler. Frühjahr und Herbst sind besonders reizvoll für Vogelfreunde. Und im Winter trifft sich die wettfreudige Lokalprominenz.

Es war im Jahr 2000, da saßen ein paar Menschen aus der Region in Feierlaune zusammen und schlossen nach dem berühmten Bremer Vorbild erstmalig die „Eiswette Dümmer See". Seither trifft man sich jedes Jahr an einem Sonntag im Januar am Olgahafen, um zu prüfen, ob das Wasser des Dümmer „steiht oder geiht". Bisherige Wetten lehren: Die Chancen stehen 2 zu 1, dass der Dümmer „geiht", also nicht von einer dicken Eisschicht bedeckt ist. Vielleicht, denkt sich der Laie, liegt es auch daran, dass Wasser, das in Bewegung ist, nicht so schnell friert. Denn der Dümmer wird von der Hunte durchflossen – im Südwesten speist sie den See, im Norden und Westen verlässt sie ihn, und das gleich an mehreren Stellen, lauter Arme, die sich später wieder zur Hunte vereinen.

Flach, sicher und beliebt bei Wassersportlern

Lange Zeit war das Gelände rund um den See eher unwegsam. Seit den 1840er-Jahren bildet der Olgahafen das westliche Tor zum Dümmer. Der Oldenburgische Großherzog hat ihn eingeweiht, seine Tochter wurde Namensgeberin des neuen Anlegers. Auf der anderen Seite des Sees war damals noch Ausland, genauer: das Königreich Hannover. Auch heute noch verläuft die Grenze zwischen dem Landkreis Vechta und dem Landkreis Diepholz nahe am Westufer, der See selbst gehört also nicht mehr zum Oldenburger Münsterland. Sei's drum, sagen sich die Wassersportler. Für sie ist der Dümmer mit einer Wassertiefe von maximal eineinhalb Metern ein besonders sicheres Revier. Beliebt ist er vor allem bei Seglern. Wiederholt fanden hier Deutsche Meisterschaften in verschiedenen Bootsklassen statt. Segeln, Surfen, Rudern, Stand-up-Paddling – beim Olgahafen ist all das möglich. Nur baden darf man hier nicht. Das ist nur an vier Sandstränden auf der Ostseite erlaubt.

Aussichtsturm West

Weite Teile des West- und auch des Südufers stehen dagegen unter Naturschutz. Der See und die Niederung sind Feuchtgebiete von überregionaler Bedeutung. Ornithologen haben hier rund 280 Vogelarten gezählt. Vor allem für Enten und Gänse ist der See ein wichtiger Rastplatz. Und er ist ein Brutplatz für Tausende von Kiebitzen, Hunderte von Bekassinen und seit 2004 auch wieder für den Fischadler. Für die stark bedrohte

Abendstimmung am Dümmer

Trauerseeschwalbe ist der Dümmer sogar der wichtigste Brutplatz in Niedersachsen. Auch die Zahl der Storchenpaare nimmt wieder zu. Und so hoffen nicht nur die Naturschützer, dass dieser fragile Naturraum erhalten bleibt. Und dass der Interessenausgleich zwischen Naturschutz, Tourismus und Landwirtschaft langfristig gelingt.

Haubentaucher

Lage: Der Dümmer See liegt etwa 30 Kilometer südlich von Vechta.

Adresse: Der einzige Weg zum Olgahafen und damit zum Westufer führt über die kleine Ortschaft Dümmerlohhausen und die Dümmerstraße, 49401 Damme.

Aktivitäten:
- Hunderte von Kindern, Jugendlichen und Erwachsenen lernen jedes Jahr in der Segelschule Godewind das Segeln. Die Schule bietet Kurse bereits für Kinder ab sechs Jahren an. In einem Wochenkurs von Montag bis Freitag erwerben Kinder und Jugendliche den Segelschein. Je nach Alter dürfen sie in den Optimisten, auf die Jolle oder auf den Katamaran. *segelschule-godewind.de*

Einkehr: direkt am Olgahafen:
- Aal- und Forellenräucherei Hoffmann: Dümmerstraße 39, 49401 Damme, *aal-hoffmann.de*
- Restaurant Schomaker: Dümmerstraße 7, 49401 Damme, *restaurant-schomaker.de*

Übernachten: Das Jugend- und Freizeitzentrum am Dümmer See mit Haupthaus, Selbstversorgerhaus, Appartements und einem Zeltplatz richtet sich vorrangig an Gruppen. Ein „Hobbit-Dorf" mit zehn Holzhütten komplettiert seit 2024 das Angebot; Dümmerstraße 42, 49401 Damme, *jfzduemmer.de*

45 Aussichtsturm Mordkuhlenberg

GRUSELEFFEKT UND FERNBLICK

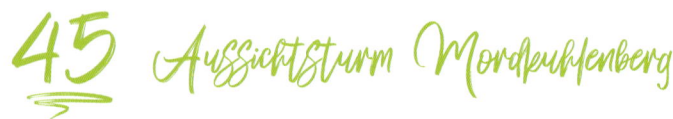

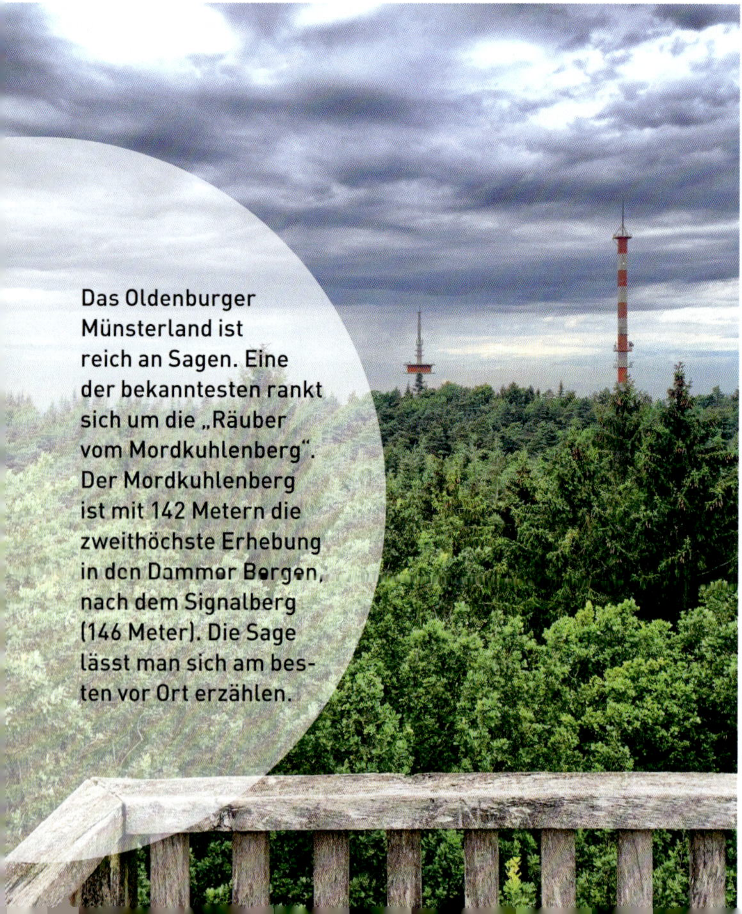

Das Oldenburger Münsterland ist reich an Sagen. Eine der bekanntesten rankt sich um die „Räuber vom Mordkuhlenberg“. Der Mordkuhlenberg ist mit 142 Metern die zweithöchste Erhebung in den Dammer Bergen, nach dem Signalberg (146 Meter). Die Sage lässt man sich am besten vor Ort erzählen.

Der Mordkuhlenberg liegt mitten in der Dammer Schweiz. Mit dem Beinamen „Schweiz" wurden in den Zeiten der Romantik schöne Landschaften versehen, und das ist auch in diesem Fall nicht falsch. Unser Ziel: der Aussichtsturm am Mordkuhlenberg, rund einen Kilometer vom Parkplatz am Schweizer Haus entfernt. Auf den letzten Metern vor dem Turm lernen wir die dunklen Gestalten der Sage kennen, in Form von eisernen Skulpturen:

Adlerauge, Gänsekiel, Eisenmann, Koch, Doofmann und der Räuberhauptmann stehen hier Spalier. Gemeinsam hausten sie in einer Höhle am Mordkuhlenberg, beraubten den „Händler von Osnabrück" sowie andere Reisende und entführten Anna Maria Wieferich, ein Mädchen aus Steinfeld, das ihnen den Haushalt führen und dem Räuberhauptmann jedes Jahr ein Kind gebären musste. Die Kinder wurden allesamt getötet. Nach sieben Jahren konnte Anna Maria am Ostersonntag den Gottesdienst in Damme besuchen und andere Kirchgänger auf ihr Schicksal aufmerksam machen. Der Pastor wurde informiert, der Bischof schickte Soldaten – der Rest war quasi Formsache.

Räuber-Skulptur

Sagen haben häufig einen wahren Kern, sagt die Volkskundlerin Christine Aka, die als Kind mit dieser Sage aufgewachsen ist. Tatsächlich sollen schwedische Soldaten im Dreißigjährigen Krieg und davor auch schon spanische Söldner in den Dammer Bergen ihr Unwesen getrieben haben. Außerdem haben Sagen oft einen „Gruselfaktor", sagt Aka. Das gilt sicher auch für diese Sage, deren

Ein paar mehr Stufen, aber die Mühe lohnt sich

Einzelheiten wir beim Aufstieg im Turm auf Texttafeln nachlesen können. Oben angekommen versöhnt uns der Ausblick. Sanft erheben sich die Dammer Berge über die flache Dümmer-Niederung. Der Blick reicht weit und wird am Horizont im Süden erst vom Kamm des 40 Kilometer entfernten Wiehengebirges begrenzt.

Blick zum Dümmer

Lage: Der Aussichtsturm Mordkuhlenberg liegt rund fünf Kilometer nordöstlich von Damme und etwa 20 Kilometer südlich von Vechta.

Info

Adresse: Der Aussichtsturm Mordkuhlenberg ist nur zu Fuß und mit dem Fahrrad erreichbar. Ausgangspunkt ist das Schweizerhaus, Steinfelder Straße 75, 49401 Damme.

Aktivitäten:

- Ein gut ausgeschilderter, knapp acht Kilometer langer Wanderweg namens „Räuberroute" startet beim Parkplatz am Schweizerhaus und verbindet unter anderem den Aussichtsturm Mordkuhlenberg mit dem Großsteingrab Stappenberg.

Website:
dammer-berge.de/aussichtsturm-mordkuhlenberg/8408

46 Dammer Bergsee

BLÜTENTRÄUME AM WEGESRAND

Der Dammer Bergsee ist „Natur aus zweiter Hand", also ein künstliches Gewässer, und gerade mal 700 Meter breit und 560 Meter lang. Das allerdings mindert nicht den Reiz dieses ökologischen Kleinods, vor allem für Pflanzenkundler. Die gehen mitunter sogar begeistert in die Knie.

Enten sind Stammgäste

Der Wanderparkplatz Bergsee liegt am Ende einer Straße, die – ungewöhnlich genug für die Norddeutsche Tiefebene – „Zum Schacht" heißt. Hier wartet Werner Schiller. Der pensionierte Gymnasiallehrer, der sich bescheiden „Feld-, Wald- und Wiesen- biologe" nennt, ist der ideale Wegbegleiter bei einer Wanderung im Naturschutzgebiet Dammer Bergsee. Schon nach wenigen Metern stehen wir vor dem See. Er entstand 1953 als Klärteich für das Eisenerzbergwerk Damme, damals der größte Betrieb im Oldenburger Münsterland und das nördlichste Erzbergwerk in Deutschland. Von 1939 bis 1967 wurde in den Dammer Bergen Eisenerz abgebaut. Für die Erzwä- sche benötigte man große Mengen Wasser, also riegelte man kurzer- hand ein Tal mit einem Deich ab. Nach der Erzwäsche wurde das Wasser wieder in den See geleitet. Die Sedimente setzten sich ab und bilden eine dicke Schlammschicht.

Halde 0,2 km
Bergsee 0,5 km

Werner Schiller

Favorisierter Bergsee-Blick

Gewöhnliche Birken

Echte Sumpfwurz

Tief ist der See nicht, in seiner Mitte kaum mehr als einen Meter. Aber wer nicht im Schlamm versinken will, sollte tunlichst die Schilder mit der Aufschrift „Achtung Lebensgefahr" ernst nehmen.

Nach Stilllegung des Bergwerks 1967 entwickelte sich der See zu einem Naherholungsgebiet, das seit 1995 unter Naturschutz steht. Anfangs, erinnert sich Schiller, gab es hier nahezu vegetationsfreie Uferbereiche. Doch nach und nach „hat sich die Natur alles zurückerobert". Den ersten Pionieren, kleinen Birkenwäldern, folgte ein „botanisches Raritätenkabinett". Am westlichen Ufer des Sees, „wo die Sonne noch voll draufknallt", begegnet Besuchern im Hochsommer eine einzige Blütenpracht, vor allem dank der Echten Sumpfwurz, einer Orchideenart, die – der Name sagt es – einen feuchten Untergrund bevorzugt. Und die in hiesigen Gefilden ungefähr so selten ist wie ein Bergwerk. Angesichts einer Population von mehreren hundert Orchideen geraten am Dammer Bergsee selbst gestandene Botaniker ins Schwärmen. Einmal ist bei einer Führung ein älterer Professor verlorengegangen, erzählt Schiller. Man fand ihn im Schilf, vor den blühenden Orchideen kniend und nur noch „Ich träume, ich träume" stammelnd.

Wir setzen unsere Runde auf dem Deich fort, der den Bergsee nach Süden hin begrenzt und bis zu 30 Meter hoch ist. Am Fuße des Deiches liegt eine Streuobstwiese, in einiger Entfernung die Stadt Damme mit ihrem markanten Dom und dahinter, am Horizont, das Wiehengebirge. Das Ufer des Bergsees säumen unzählige Birken, unter denen im Herbst die Fliegenpilze für Farbtupfer sorgen. Vor Jahren fand Schiller hier noch das „Breitblättrige Knabenkraut", eine wei-

Übersehenes Knabenkraut

tere Orchideenart, die ebenfalls feuchte Böden braucht. Doch auch hier ist der Wasserstand im Laufe der Jahre immer weiter zurückgegangen, sagt Schiller, der nicht ausschließt, dass der Bergsee in 50 Jahren verlandet sein wird.

Lage: Der Bergsee liegt im Norden Dammes, rund 30 Kilometer südlich von Vechta.

Info

Aktivitäten:

- Orchideen lässt man sich am besten bei einer Führung im Frühsommer von Werner Schiller erklären. Treffpunkt ist der Wanderparkplatz Bergsee, Anmeldung unter Telefon 05491/1412.
- Ein Trimm-Dich-Pfad mit 20 Stationen und einer Länge von knapp drei Kilometern führt einmal rund um den Bergsee.

47 Pfarrkirche St. Viktor

DER DOM DER JECKEN

Sie ist weithin sichtbar und das Wahrzeichen der Stadt: die katholische Pfarrkirche St. Viktor in Damme, wegen ihrer Größe meist „Dammer Dom" genannt. In der Kirche findet sich sogar ein Hinweis auf die frühen Anfänge des Dammer Carnevals.

Chor der Pfarrkirche

Wer vor dem Dammer Dom steht, einem der imposantesten Bauten im Oldenburger Münsterland, braucht einige Fantasie, um sich vorzustellen, wie klein die Anfänge kirchlichen Lebens vor über 1200 Jahren waren. Die erste Kirche am Platz war ein einfacher Holzbau, errichtet wohl im 9. Jahrhundert. Es folgte um 1000 ein romanischer Bau aus Findlingssteinen und 1435 eine gotische Hallenkirche. Das, was wir heute sehen, ist überwiegend jüngeren Datums. Die neugotische Vierungskirche mit den zwei Westtürmen wurde in den Jahren 1904 bis 1906 gebaut. Überragt wird sie vom alten Feldsteinturm aus dem 13. Jahrhundert – er ist der älteste Teil der Kirche. In dem Turm mit der barocken Haube hängen auch die vier Glocken, gegossen in Gescher.

Viktor von Xanten

Mit annähernd 1000 Sitzplätzen gehört St. Viktor zu den größten Kirchenbauten im Oldenburger Münsterland. Man nehme also

Dammer Dom (Volksmund)

Platz und lasse seinen Blick schweifen. Da ist links vom Chorraum eine über- lebensgroße Statue mit Schwert und Lanze: Gestatten, Viktor von Xanten, Patron dieser Kirche. Da ist eine Reli- quie des Patrons, sicher verwahrt hin- ter einem Gitter. Da sind die wertvollen Kirchenfenster, geschaffen von Hen- ning & Andres, einer namhaften Glas- malerei-Werkstatt in Hannover. Da ist der romanische Taufstein, der älteste Gegenstand in der Kirche. Er stammt aus dem 12. Jahrhundert, seit 2009 steht er in der Mitte der Kirche. Und da ist die Orgel, 1975 von der Firma Alfred Führer aus Wilhelmshaven gebaut – sie ertönt nicht nur bei Gottesdiensten, sondern auch bei kirchenmusikali- schen Veranstaltungen. Wer dann noch

Chorfenster (Ausschnitt)

über den QR-Code am Eingang der Kirche ein kleines Video auf- ruft, erfährt aus dem Munde des Pastors, dass sich in der Kirche sogar ein Hinweis auf die frühen Anfänge des Dammer Carnevals findet. Kleiner Tipp: Man studiere aufmerksam die steinernen Köpfe am Sakramentshäuschen, gemeißelt anno 1501.

Lage: Der Dammer Dom steht mitten in der Stadt, am Kirchplatz. Damme liegt rund 25 Kilometer südlich von Vechta.

Adresse: Kirchplatz 15, 49401 Damme

Website: *stviktordamme.de*

HINWEIS: Wer auf dem Jakobsweg unterwegs ist, kann, wenn das Pfarrbüro geschlossen ist, sein Pilgerbuch auch in der Kirche abstempeln. Der Stempel liegt auf einem Tisch hinter dem Kirchenportal.

Info

ES BLÜHT, ES SUMMT

Biotope schaffen und vernetzen und so eine möglichst vielfältige Natur bewahren – das ist das Ziel des Naturschutzbundes Deutschland. Rund um den Dümmer kümmert sich der NABU um etwa 50 Flächen. Eine davon ist die Blühwiese neben dem ehemaligen Kloster Damme, eine Art Vorzeige-Projekt.

Taubenkropf-Leimkraut

Die Lage könnte kaum besser sein: Mit dem Pickerweg und dem Kardinalsweg führen gleich zwei Wanderwege vorbei. Bis 1999 war hier, im Schatten des ehemaligen Klosters, ein normaler Acker. Dann hat der NABU eine Streuobstwiese angelegt, Steinhaufen aufgeschichtet, Trockenmauern errichtet und einen Libellenteich ausgehoben. Denn ohne Strukturen keine Artenvielfalt, sagt Bernd Averbeck, ein pensionierter Lehrer, der die NABU-Gruppe am Dümmer leitet. Nun tummeln sich hier Bienen, Hummeln, Schmetterlinge, Käfer und Spinnen, allesamt „hochspezialisiert". Schmetterlinge wie Tagpfauenauge oder Admiral legen zum Beispiel ihre Eier nur auf Brennnesseln ab. Und auch die Raupen fressen nur Brennnesseln. Hat sich der Falter entpuppt, holt er mit seinem langen Rüssel den Nektar aus der Blüte von Natternkopf oder Lichtnelke. „Wenn die Pflanze weg ist, ist auch das Insekt weg."

Naturschützer Bernd Averbeck

Heide-Nelken

So eine Blühwiese kommt nicht von allein. „Du musst gezielt Management machen für bestimmte Arten." Regionale Arten vor allem, sagt Averbeck, „die seit 5000 Jahren hier vertreten sind." Wenn er irgendwo Margeriten sieht, notiert er sich den Standort. Wenn der Samen reif ist, sammelt er ihn ein und sät ihn im Herbst aus.

Margeriten-Samen, frisch geerntet

Und wenn man selbst ein bisschen mehr Farbe in seinen eigenen Garten bringen möchte? „Ganz wichtig: Rasenmäher in die Ecke", sagt Averbeck. Dann mit einer Forke Soden abheben und daraus am Rand eine Mauer bauen, vielleicht einen halben Meter hoch. Dann Samen in den offenen Boden säen, regionale Sorten, versteht sich. Und dann „die Wildnis zulassen. Man muss Mut haben. Und einen langen Atem. Und Gottvertrauen."

Lage: Die Naturerlebniswiese Wienerei liegt beim ehemaligen Kloster Damme, rund 25 Kilometer südlich von Vechta.

Info

Adresse: Benediktstraße 19, 49401 Damme

Aktivitäten:
- Führungen: Buchbar beim NABU, Telefon 05491/1412
- Neben Blumenwiese und Obstbäumen gibt es unter anderem ein Hummelhaus, einen Schmetterlingslehrpfad, einen „Handtastgarten" und einen „Fußtastweg", auf dem man barfuß über Kieselsteine, Tannenzapfen oder auch Kork wandeln kann.

Website: *nabudamme.de*

49 Bexaddetal

AUF ZUM GRÖSSTEN KÄFER EUROPAS

Fragt man die Menschen in Damme, wo es in den Dammer Bergen besonders schön ist, dann wird oft auch das Bexaddetal genannt. Es ist ein offenes Bachtal, das den Wald nordwestlich von Damme durchzieht, gesäumt von Wiesen und Quellsümpfen. Hier ist der Hirschkäfer zu Hause, der größte Käfer Europas.

Das Bexaddetal ist ein schmales Erosionstal, durch das sich der Dammer Mühlenbach seinen Weg gesucht hat. Von Damme aus führt ein Naturlehrpfad durch das Tal. Ein guter Startpunkt ist der Wanderparkplatz beim ehemaligen Benediktiner-Kloster. Bei einer Brücke, die über den Mühlenbach führt, befand sich früher die Bokemühle, eine von

Alter Wegweiser

drei Dammer Wassermühlen. Hinter der Brücke hält man sich rechts und passiert nach einem halben Kilometer ein Niederdeutsches Hallenhaus: den Bexaddehof, errichtet in der für die Region eher seltenen Massivbauweise. Kurz danach macht der Weg eine Kehre und führt dann wieder zurück zum ehemaligen Kloster, vorbei an einem Quellbereich, in dem im März und April die Blüten der Sumpfdotterblume für gelbe Farbtupfer sorgen. Im Mai bilden die Blüten des Bitteren Schaumkrauts einen weißen Teppich. Die Blätter sind essbar, reich an Vitamin C und wurden früher als natürliches Heilmittel gegen Skorbut genutzt. Im Juni und Juli bekommt man mit etwas Glück den größten Käfer Europas zu Gesicht: Es ist die Hauptflugzeit des Hirschkäfers, der sich am besten in der Abenddämmerung beobachten lässt. Die Männchen sind mit bis zu acht Zentimeter Länge doppelt so groß wie die Weibchen. Besonders auffällig bei den Männchen ist das „Geweih" – die Mandibeln machen bei großen Tieren fast die halbe Körperlänge

Brücke über den Mühlenbach

Ein Prachtexemplar von Hirschkäfer

Mühlenbach beim ehemaligen Kloster

aus. Es gibt nur wenige Regionen, wo man den Hirschkäfer ähnlich häufig antrifft wie in den Dammer Bergen. Hier lebt vermutlich die größte Population in ganz Norddeutschland. Denn hier findet der Hirschkäfer, was er braucht: sonnige Waldrandlagen, lockere Böden und alte Baumstümpfe, mit Vorliebe Eichenstubben. Mit anderen Worten: Hirschkäfer brauchen Totholz, um zu leben.

Lage: Das Bexaddetal liegt etwa 26 Kilometer südlich von Vechta.

Info

Adresse: Die Runde durch das Bexaddetal startet beim ehemaligen Kloster Damme (Benediktstraße 19, 49401 Damme) oder beim Wanderparkplatz an der Gramker Straße.

Aktivitäten:
- Der Lehrpfad „Naturspaziergang Bexaddetal" besteht neben dem beschriebenen Weg aus einer weiteren Runde südlich der Gramker Straße. Beide Wege lassen sich gut kombinieren.

Website: *damme.de/Kultur-Freizeit/Freizeit/Ausflugsziele/Bexaddetal*

Joliente Kaffeerösterei

DER DUFT DER GROSSEN WEITEN WELT

Ganz am Ende unserer Rundreise müssen wir das Oldenburger Münsterland einmal kurz verlassen, wenn auch nur für wenige Schritte. Denn in einem Industriegebiet an der Grenze zum Osnabrücker Land, bei Neuenkirchen-Vörden, befindet sich seit 2017 ein Ziel für die Freunde eines guten Kaffees: Joliente.

Vorn ein Café, hinten die Rösterei

Man kann das Joliente aufsuchen, um einfach nur eine der Kaffeespezialitäten zu genießen oder auch zu frühstücken. Bekannt wurde die Rösterei allerdings nicht zuletzt dank ihrer Führungen, ein Angebot für Gruppen. Dabei kommen die Besucher in einen Bereich, den sie sonst nur aus dem Café durch eine Glasscheibe sehen können. Und sie erfahren, wo Kaffee wie und von wem geerntet wird. Nach Neuenkirchen kommt er in Jutesäcken à 60 Kilogramm, „alle Sorten, die Sie sich vorstellen können", insbesondere aus Zentral- und Lateinamerika und hier vor allem aus Brasilien, sagt Leonie Eberding, die Führungen anbietet. Mal wandert eine Sorte solo in den Röster, mal wird gemischt. Bei Joliente schwören sie auf

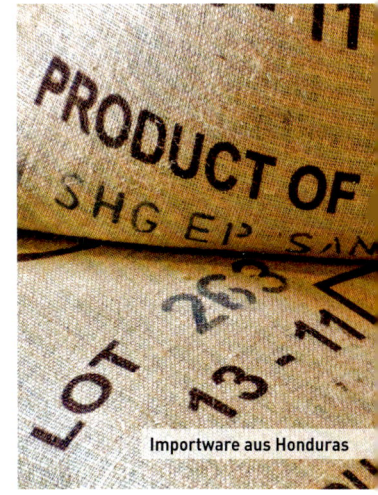

Importware aus Honduras

Frisch geröstet

das traditionelle Verfahren der Trommelröstung, mindestens 15 Minuten bei maximal 225 Grad. Dabei kommen Aromen wie Schokolade, Karamell, Apfel oder Beere zum Vorschein. „Das ist wie bei Wein", sagt Eberding. „Kaffee hat bis zu 800 Aromen, die man bei der Röstung aus den Bohnen herauskitzelt." Aus kleinen grünen Bohnen werden große braune. Und sie verlieren Wasser,

Bis zu 800 Aromen

werden also leichter. Knisternd verlassen sie den „Emmericher Kaffeebrenner", den der Ingenieur Theodor von Gimborn, ein Bekannter von Marx und Engels, erfunden hat. Gekühlt, gesiebt und verpackt gelangen sie dann in den Laden. Besonders gut läuft hier der „Café Crème", eine Hausmischung aus vier Sorten, mit der Joliente 2022 am größten deutschen Verkostungswettbewerb teilgenommen hat. Seither prangt auf der Packung die Goldmedaille der Deutschen Röstergilde.

![Hier gibt's den Kuchen]

Hier gibt's den Kuchen

Lage: Die Joliente Kaffeerösterei liegt bei Neuenkirchen-Vörden, etwa 35 Kilometer südwestlich von Vechta.

Adresse: Lingener Straße 1, 49597 Rieste

Aktivitäten:
- Führungen für Gruppen ab 15 Personen. Dauer: rund 45 Minuten. Danach gibt es Kaffee und Kuchen.

Website: *joliente.com*

Info

Das kleine
Wörterbuch

Goldenstedter Moor am frühen Morgen

Das kleine Wörterbuch

A

Ao wat – ach was

B

Bäke – Bach, kleiner Wasserlauf
Berm – Leiter
Bredrullje – Verlegenheit, Bedrängnis

D

Dämelack – Dummkopf
Däönkes – Anekdote, kurze, lustige Geschichte
Dördraihen – durchdrehen, den Verstand verlieren
Donnerlittchen – Donnerwetter, Donnerschlag

E

Emmer – Eimer
Eumel – Querkopf

F

Feudel, Faidel – Aufnehmer, Wischlappen
Fickerig – aufgeregt, nervös

G

Gnatterkopp – übelgelaunter, unzufriedener Mensch
Gneisig – schlechtgelaunt, unzufrieden

H

Hackeduun – völlig betrunken
Hölpenköster – ungeschickter Mensch
Hölsken – Holzschuhe
Hunnewapp – Maulwurf

I

Intrudeln – langsam eintreffen
Inverstaohn – einverstanden

J

Jäökel – jemand, der gern Schabernack treibt
Jüffelske – älteres Fräulein; ugs. meist ledige Lehrerin

K

Katteker – Eichhörnchen
Kläötergeld – Kleingeld

Kläönschnack – Unterhaltung
Knieperig – geizig, kleinlich

Liekut – geradeaus, aufrichtig, ehrlich

M

Maohltied – Mahlzeit
Middewäken – Mittwoch
Munkeln – heimlich reden

N

Naober – Nachbar
Nöppken – kleine Erhebung; Brustwarze

O

Ohrbümmel – Ohrring

P

Päöhl – Oberbett
Pien – Schmerz
Pisspott – Nachttopf
Punkebrot – Wurstebrot

Q

Quetschkommaude – Ziehharmonika

Rammdäösig – begriffsstutzig
Reuklos – unordentlich

Sämelmoors – Blödsinn redender Mensch
Schaopsdonnerland – nur Moor, Heide und Schafe, nichts los
Schietbüdel – kleines Kind
Suutje – sachte, langsam, behutsam

Töttern – quatschen

Ünnerbüxen – Unterhose

V

Vergrellt wähn – böse sein

W

Wackerkeit – Schönheit
Wicht – Mädchen
Wüppelmors – Zappelphilipp

Zappenduster – stockdunkel

Register

Zaungäste an der Via Baltica

Register

360°

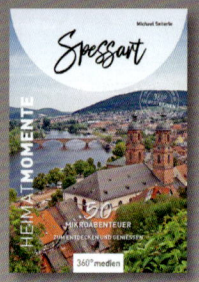

Michael Seiterle
ISBN 978-3-96855-315-3
Preis 16,95 €

**In der Reihe sind u.a.
bisher erschienen:**

Antje Seeling
ISBN 978-3-96855-384-9
Preis 16,95 €

Dr. André Uzulis u. Gabriele Steinicke
ISBN 978-3-96855-506-5
Preis 16,95 €

Dagmar Höner
ISBN 978-3-96855-501-0
Preis 16,95 €

Janett Schindler u. Andreas Walter
ISBN 978-3-96855-386-3
Preis 16,95

HEIMAT**MOMENTE**

HEIMAT**MOMENTE** legt den Fokus auf unvergessliche Momente und spannende Mikroabenteuer. Freuen Sie sich auf Tipps zu ausgefallenen und erlebnisreichen Ausflügen, kulinarischen Highlights sowie einzigartigen Kultstätten und anderen Kuriositäten.

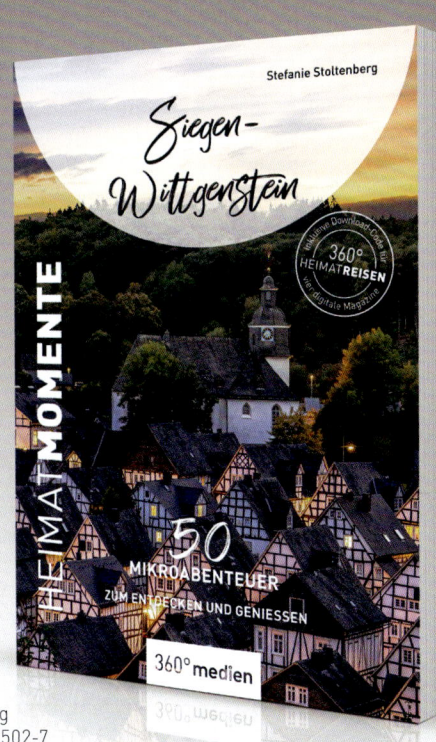

Preis
16,95 €

Stefanie Stoltenberg
ISBN 978-3-96855-502-7

Weitere Titel der Reihe und mehr Infos unter:
360grad-medienshop.de/heimatmomente

Versandkostenfreie Lieferung innerhalb Deutschlands

Bildnachweis:
Alle Bilder von Wolfgang Stelljes, außer Arbeitsstelle Rolf Dieter Brinkmann an der Universität Vechta S. 169o | Johannes Knuck S. 133o,134/135 | Karten – Mapcreator.io, OSM.org, ©DLR, ©Airbus Defense and Space, ©Copernicus S. 24, 25, 29, 63, 112, 151, 203 | Museum Vechta Fotograf Wolfgang Siemer S. 167 | pro-t-in GmbH S. 140, 142u | Stadtmedienarchiv im Heimatverein Lohne e. V. S. 176 | Werner Schiller S. 226u, 227